Linguagem Neutra de Gênero
UM DEBATE NECESSÁRIO

O GEN | Grupo Editorial Nacional – maior plataforma editorial brasileira no segmento científico, técnico e profissional – publica conteúdos nas áreas de ciências sociais aplicadas, exatas, humanas, jurídicas e da saúde, além de prover serviços direcionados à educação continuada e à preparação para concursos.

As editoras que integram o GEN, das mais respeitadas no mercado editorial, construíram catálogos inigualáveis, com obras decisivas para a formação acadêmica e o aperfeiçoamento de várias gerações de profissionais e estudantes, tendo se tornado sinônimo de qualidade e seriedade.

A missão do GEN e dos núcleos de conteúdo que o compõem é prover a melhor informação científica e distribuí-la de maneira flexível e conveniente, a preços justos, gerando benefícios e servindo a autores, docentes, livreiros, funcionários, colaboradores e acionistas.

Nosso comportamento ético incondicional e nossa responsabilidade social e ambiental são reforçados pela natureza educacional de nossa atividade e dão sustentabilidade ao crescimento contínuo e à rentabilidade do grupo.

Pablo Jamilk

Linguagem Neutra de Gênero
UM DEBATE NECESSÁRIO

■ A EDITORA FORENSE se responsabiliza pelos vícios do produto no que concerne à sua edição (impressão e apresentação a fim de possibilitar ao consumidor bem manuseá-lo e lê-lo). Nem a editora nem o autor assumem qualquer responsabilidade por eventuais danos ou perdas a pessoa ou bens, decorrentes do uso da presente obra.

■ Nas obras em que há material suplementar on-line, o acesso a esse material será disponibilizado somente durante a vigência da respectiva edição. Não obstante, a editora poderá franquear o acesso a ele por mais uma edição.

■ Todos os direitos reservados. Nos termos da Lei que resguarda os direitos autorais, é proibida a reprodução total ou parcial de qualquer forma ou por qualquer meio, eletrônico ou mecânico, inclusive através de processos xerográficos, fotocópia e gravação, sem permissão por escrito do autor e do editor.

Impresso no Brasil – *Printed in Brazil*

■ Direitos exclusivos para o Brasil na língua portuguesa
Copyright © 2021 by
EDITORA FORENSE LTDA.
Uma editora integrante do GEN | Grupo Editorial Nacional
Travessa do Ouvidor, 11 – Rio de Janeiro – RJ – 20040-040
www.grupogen.com.br

■ O titular cuja obra seja fraudulentamente reproduzida, divulgada ou de qualquer forma utilizada poderá requerer a apreensão dos exemplares reproduzidos ou a suspensão da divulgação, sem prejuízo da indenização cabível (art. 102 da Lei n. 9.610, de 19.02.1998). Quem vender, expuser à venda, ocultar, adquirir, distribuir, tiver em depósito ou utilizar obra ou fonograma reproduzidos com fraude, com a finalidade de vender, obter ganho, vantagem, proveito, lucro direto ou indireto, para si ou para outrem, será solidariamente responsável com o contrafator, nos termos dos artigos precedentes, respondendo como contrafatores o importador e o distribuidor, em caso de reprodução no exterior (art. 104 da Lei n. 9.610/98).

■ Capa: Joyce Matos

■ Data de fechamento: 27.05.2021

CIP-BRASIL. CATALOGAÇÃO NA PUBLICAÇÃO
SINDICATO NACIONAL DOS EDITORES DE LIVROS, RJ

J31e

Jamilk, Pablo
Entenda linguagem neutra de gênero : um debate necessário / Pablo Jamilk. – 1. ed. – Rio de Janeiro : Método, 2021.
128 p. ; 21 cm.

Inclui bibliografia
ISBN 978-65-596-4173-4

1. Linguística. 2. Linguagem e línguas - Igualdade de gênero. I. Título.

21-71212
CDD: 410
CDU: 81'1

Leandra Felix da Cruz Candido - Bibliotecária - CRB-7/6135

NOTA DA EDITORA

Com a missão de disponibilizar o melhor do conhecimento científico e ser o maior e mais completo grupo provedor de conteúdo educacional do país, o GEN | Grupo Editorial Nacional apresenta a *Coleção Entenda*, que reúne alguns dos maiores nomes da literatura técnica e científica em diversas áreas do conhecimento no Brasil.

O objetivo da coleção é trazer temas que, apesar de serem relevantes para a sociedade como um todo, são normalmente tratados de maneira estritamente técnica, voltados especificamente para profissionais e estudantes da área. A *Coleção Entenda* propõe romper com esse paradigma, provocando um amplo e descomplicado debate, a fim de disponibilizar o conhecimento – a maior riqueza da humanidade, ao público geral, alcançando assim um maior número de pessoas e desmistificando o conteúdo e o saber.

Porém, muito se enganam aqueles que pensam que apresentar um conhecimento técnico de maneira simplificada é sinônimo de uma abordagem rasa e simplista. Dada a maestria dos nossos autores, a proximidade e a familiaridade com os leitores, a habilidade didática e a clareza na apresentação dos assuntos, a *Coleção Entenda* traz a técnica exigida por cada tema aliada a recursos didáticos, que levam ao melhor entendimento do conteúdo. Com isso, garantimos aqui o mais alto grau de conhecimento, apresentado de forma simples, porém aprofundada. Afinal, oferecer conteúdo relevante de forma leve é a nossa missão!

Boa leitura a todos!

A Editora

SUMÁRIO

Introdução	1
Questões de abertura	5
Um pouquinho (ou muito) de gramática	11
O gênero	17
O gênero das línguas provenientes do latim	25
O gênero na morfologia	31
Simples, mas não simplista	37
Uma pequena lição de gramática	43
As tentativas de neutralização dentro do sistema linguístico	49
Algumas propostas de neutralidade na ortografia	55
Propostas para neutralidade na pronúncia	61
Uma pequena lição sobre variação linguística	67
Como ocorrem as mudanças na Língua Portuguesa	77
Conclusões e perspectiva	85
A justificativa morfossintática	89

A justificativa cognitiva 97
A justificativa evolutiva 101
As conclusões 105
Referências bibliográficas 113

INTRODUÇÃO

Foi durante uma quarta-feira em que eu rolava a *timeline* de uma das redes sociais em que atuo quando vi uma publicação cujo conteúdo me chamou a atenção. Nela, uma pessoa explicava novas diretivas linguísticas a respeito de como o indivíduo deveria proceder para que fosse possível "neutralizar" a língua, de forma a não haver mais a identificação de gênero. O que mais me chamou a atenção neste vídeo foi a forma como a pessoa indicava as mudanças: o uso de verbos que indicavam certa imposição, a saber: "não será mais assim, será dessa forma; deve ser usada a forma tal".

Evidentemente, os comentários abaixo do vídeo em questão eram das mais diversas naturezas. Muita gente achou a proposta interessante, ao passo que outras pessoas responderam de forma violenta ao conteúdo do vídeo, disparando ofensas e impropérios do pior tipo. Para não ser tomado por qualquer tipo de sentimento passional, resolvi pesquisar qual era a motivação dessa alteração no sistema linguístico. O resultado foi divulgado em algumas entrevistas e discussões dentro de alguns veículos de mídia no Brasil.

Como eu acreditei ser necessário aprofundar o debate a respeito desse assunto, que é tanto polêmico quanto espinhoso, decidi escrever esta pequena obra. Espero que seja possível lançar alguma luz sobre essas questões, principalmente pelo fato de que é necessário refletir a respeito das questões inerentes à língua antes mesmo de se pensar em qualquer tipo de modificação na estrutura daquilo que empregamos cotidianamente para tentar estabelecer comunicação.

Neste livro, não me envolvo em polarizações de ordem política, não resvalo em questões ideológicas e não tenho a ambição de avançar sobre questões íntimas. O espectro da presente discussão é completamente amparado pela teoria linguística e por meus estudos relativos à cognição e à neurociência. Espero que a leitura seja fruitiva e construtiva.

QUESTÕES DE ABERTURA

Muito se equivoca quem pensa que a neutralização de gênero dentro de uma língua está associada exclusivamente à comunidade que não se identifica com a identidade binária, ou mesmo quem crê que seja uma discussão inerente à comunidade LGBTQIA+. Não é essa a origem da questão. Na realidade, existe um problema que é ainda mais profundo e que serve como questão inicial para a discussão a respeito da neutralização de gênero.

Eu me refiro à pretensa ideia de que a Língua Portuguesa é machista ou sexista. Popularizou-se a ideia de que o sistema linguístico em que se baseia a língua falada pela comunidade lusófona é elitista, discriminatório, e que privilegia o homem em detrimento das mulheres. Essa ideia acabou encontrando força dentro das redes sociais e dentro de algumas discussões acadêmicas, cujo foco se concentrava primordialmente em aspectos sociolinguísticos. Fez-se o que eu costumo chamar de "linguística *freestyle*", ou seja, analisou-se o funcionamento da língua a partir de uma perspectiva de convicções particulares, adequando os fatos à narrativa que cria uma ilusão de cientificismo, sem se pensar em questões sistemáticas diacrônicas que são subsunsoras da própria língua. Um raciocínio bastante comum que suporta essa lógica (e que se nota em diversos discursos sobre o pretenso machismo da língua) é o seguinte:

> Se em uma sala de conferências, houver 50 mulheres e 3 homens, o conferencista deve se dirigir às pessoas empregando a forma "todos" (no "masculino"), porque o masculino é privilegiado na língua portuguesa ou porque o português é machista.

A narrativa parece ser coerente e logo ganha adeptos – haja vista o fato de que não é raro observar introduções de palestras com saudações como "bom dia a todos e a todas", em uma tentativa de eliminar essa aparente disparidade de tratamento. Na realidade, o emprego dessa forma é uma questão bastante subjetiva (apesar de redundante), louvável, porém, porque demonstra o esforço consciente do indivíduo para tentar superar algo que se condicionou[1] no imaginário popular. Note que essas questões iniciais são tratadas aqui ainda sem o academicismo de que já se revestiram. Quando for necessário, trarei à baila as referências que subjazem as discussões para que seja possível refletir acerca delas.

Apesar de parecer algo bastante adequado e – de certa forma – lógico, não se pode considerar verdadeira, a relação entre empregar uma forma (como "todos") para designar a totalidade das pessoas e uma imposição do gênero masculino como

---

[1] Quando emprego o termo "condicionar", refiro-me ao fato de a narrativa do "machismo do português" estar tão incrustada no senso comum que se toma como questão pacífica entre os falantes. Veremos que não é exatamente assim, tão logo iniciarmos a análise das questões de ordem morfológica.

uma forma de reafirmar algum tipo de relação patriarcal na língua. Eu explico a razão de não poder adotar essa visão como algo com concretude: trata-se daquilo que costumo chamar de linguística "*freestyle*", ou seja, a linguística da forma como o indivíduo acredita que os sistemas de língua funcionem, não como eles funcionam de fato. Para todos os fenômenos linguísticos observados, há uma razão de ser, há uma estrutura funcional que pode ser descrita formalmente, cientificamente. Aliás, a ciência linguística é uma ciência, ela possui bases, metodologia, procedimentos formais e tudo isso deve ser levado em conta antes de se operar uma ilação, que pode ser mais leviana do que científica.

Para encerrar o caso da palavra "todo" antes de partir às análises mais relevantes. A palavra "todo" – quer como adjetivo, quer como pronome indefinido – tem sua origem no latim, assim como diversas outras palavras da língua portuguesa (que se trata de uma língua românica, ou seja, proveniente do que se falava em Roma – o latim). A forma original é "totvs", que designa "inteiro". Dessa raiz, advêm outras formas como "total", "totalidade", "totalitário" etc. Ao dizer "bom dia a todos", não se está supondo que o público seja masculino, está-se – com efeito – empregando uma forma de neutralização a noção de gênero de quem compõe o público, como se se empregasse a forma "bom dia ao público todo", "bom dia ao público inteiro". Bem, talvez seja mais simples do que isso que fiz até agora, desfazer a ilusão de que a língua portuguesa seja machista.

UM POUQUINHO (OU MUITO) DE GRAMÁTICA

Quando estamos passando por nossa vida escolar, não são raras as situações em que alguém levanta sua voz ao professor de língua portuguesa para questionar qual será o uso efetivo daquilo que está aprendendo em sua vida. Eu mesmo já tive de responder, inúmeras vezes, a perguntas como: "por que eu preciso saber o que é sujeito?", "para que eu vou usar esse negócio de substantivo comum de dois gêneros na minha vida?", "se você entende quando eu falo, por que eu preciso saber gramática?"

A explicação que se segue adiante é tão inconveniente quanto necessária para essas pessoas autoras das perguntas que mencionei no parágrafo anterior. Muitas delas acabam fazendo a "linguística *freestyle*" em algum momento das suas vidas. Infelizmente, algumas fazem isso até mesmo dentro do curso de Letras (mas isso é assunto para outro livro).

O conhecimento gramatical não surgiu por um milagre do ócio de algum filósofo. Não há uma pessoa que pensou em inventar a gramática para acabar com a vida daquele adolescente ou daquela pessoa que estuda para ser aprovada em algum concurso público. No mundo ocidental, a informação acerca de um estudo formal da estrutura de uma língua (a língua grega) nos leva ao Século II a. C. e a um nome bastante importante (ainda que desconhecido por muita gente) – Dionísio, o Trácio.

Ao longo de quinze páginas e vinte e cinco sessões, a *Téchné grammatiké* nos apresenta um tratado a respeito da língua grega, em que descreve as palavras como unidades mínimas para a formação de uma frase. Evidentemente, nosso amigo Dionísio não tirou suas conclusões sem qualquer base de observação. A língua a que ele se referia não era a língua falada no cotidiano grego. Na realidade, o autor se pautou por um modelo de língua que era eleito como um modelo ideal de língua – os escritos homéricos. Esse procedimento explica como se deu a formação dos estudos gramaticais ao longo do tempo: faz-se um recorte de um modelo ideal de língua, o qual é descrito a partir da observação de seu funcionamento. Em uma analogia livre, é algo como um software que consideramos o melhor possível, que é descrito a partir do momento em que ele começa a operar: a nós, analistas, não nos é dado o código-fonte, mas devemos tentar haurir seus elementos a partir de uma minuciosa observação.

Isso quer dizer que o conhecimento gramatical sempre se volta à observação de um modelo de língua. As ferramentas linguísticas são analisadas a partir de um modelo observado e descrito formalmente, para que seja possível entender qualquer tipo de mudança, alteração ou variação, caso prefiram esse termo. Nenhuma gramática pode considerar que a língua não esteja em plena mudança, porque a língua se trata de um fenômeno de performance: ainda que haja uma estruturação e que nosso cérebro tenha se moldado a partir da utilização da linguagem estruturada sob forma de diferentes línguas (Berwick & Chomsky, 2019), a capacidade de utilização de um sistema linguístico é individual e altamente mutável. Também é essa a razão pela qual não se pode imaginar que a gramática seja uma disciplina ultrapassada e sem evolução.

Um pouquinho (ou muito) de gramática

Entende-se, a partir dessa observação, que a gramática não deve ser vista sob uma ótica preconceituosa de que se trata de uma ferramenta opressora, mas uma ferramenta de ordem heurística, cujo propósito é permitir uma compreensão do sistema de uma língua: quais são seus limites de mudança e suas possibilidades criativas. Uma análise discreta de qualquer processo linguístico de evolução deve levar em consideração uma taxonomia dos elementos da língua, ou seja, suas lições morfológicas. Toda essa explicação serve para deixar claro que não é cabível considerar que a gramática seja uma disciplina inútil ou que não sirva de campo para discutir uma proposta de alteração (a exemplo do Sistema Elu) que será sistematizada, ou seja, que incidirá diretamente na forma como são descritos os elementos gramaticais de uma língua.

O GÊNERO

Sempre que tive de falar a respeito de "neutralização de gênero" na linguagem em palestras ou entrevistas, vi-me na obrigação de esclarecer um erro bastante comum que costuma ocorrer nos debates a respeito do tema: a dificuldade acerca do termo "gênero". Para que não corramos tal risco, vejamos o que se concebe como gênero em alguns manuais de Gramática. Esse é um compilado diacrônico, mas não extensivo.

Dionísio, o Trácio, em sua *Téchné grammatiké* concebe "gênero" como um acidente do nome (substantivo):

> Obs.: gêneros são três: masculino, feminino e neutro; alguns lhes acrescentam dois outros: comum e sobrecomum, comum como híppos, kúon ['cavalo', 'cachorro'], sobrecomum como khelidón aetós ['andorinha', 'águia' – palavras que valem para os dois sexos].

Note que Dionísio já parece demonstrar a clareza para compreender que há uma distinção entre a palavra e o elemento que a palavra designa, por isso a distinção entre comum e sobrecomum. Além disso, fica evidente que o gênero neutro está na gênese da teoria gramatical do autor em questão, ou seja, é algo que já está incrustado na língua pelo fato de que existe a necessidade de se recorrer a formas neutras para designar elementos que não cabem no universo bivalente de masculino ou feminino. Entretanto, é bastante perceptível que a indicação de neutralidade não está relacionada simplesmente com uma terminação vocabular dentro do universo de possibilidades do léxico grego. Minha intenção aqui não é fazer uma revisão gramatical da língua grega, mas indicar que não há disrupção em se falar sobre gênero neutro em uma língua, uma vez que isso está indicado no primeiro manual de gramática de que se tem notícia no Ocidente.

Em latim, também existe a indicação de neutralidade dos nomes, veja o que diz Rodolfo Ilari quando fala sobre linguística românica:

> Uma característica notável do latim clássico era a riqueza de sua morfologia nominal, caracterizada pela presença de declinações, pela existência de três gêneros gramaticais (masculino, feminino e neutro) e pela formação de comparativos e superlativos sintéticos para os adjetivos.

Novamente, há a tripartição de gêneros no tocante aos nomes da língua. Nesse caso, está-se falando sobre o latim, que é uma das bases (a principal, diga-se de passagem) da língua portuguesa. Ocorre que já no latim havia alterações de natureza morfológica, que se fizeram notar ao longo do processo evolutivo do latim e de seus romanços.

Enquanto uma língua está viva, ou seja, enquanto há pessoas em uma comunidade que a empregam ativamente (fundamentalmente na fala), há potência de mudança. Isso quer dizer que alterações de ordem morfológica, ortográfica, sintática etc. podem ocorrer de maneira natural. Isso se observou muito claramente no latim. A língua que foi levada adiante para outras culturas, aquelas que foram dominadas pelos romanos, não foi a do registro eclesial, bem observado em suas estruturas gramaticais – fundamentalmente porque não eram

21 O gênero

os religiosos os responsáveis por impor o idioma a um povo conquistado. Isso ficava a cargo dos soldados romanos, que eram versados em guerra, não em língua. Assim, as misturas do "latim vulgar" ou vulgata com outras línguas propiciaram evoluções que deram origem às mais diferentes línguas que hoje estão vivas (e em mutação).

A despeito dessa potência de mudança, não se pode acreditar que a modificação em uma língua surja do dia para a noite. Eu costumo usar uma expressão jocosa para designar esse fenômeno. Eu digo que as palavras não são "digimons",[1] que evoluem de uma forma X para uma forma Y de um momento para o outro. Esses processos são lentos, dependem da adesão dos falantes, dependem da reprodução em larga escala em diversas formas de expressão (escrita e fala). Uma simples mudança ortográfica pode flutuar durante 100 anos até que seja normatizada como forma aceitável.

Voltemos ao caso do latim para que eu possa mostrar como o gênero neutro foi desaparecendo da língua sem que houvesse alguém tentando exterminá-lo. Convém explicar que o latim é uma língua de casos, ou seja, terminações que

---

[1] Digimon (デジモン Dejimon), também chamado de Digital Monsters e estilizado como DIGIMON) é uma franquia de mídia japonesa, distribuída pela Bandai e criada por Akiyoshi Hongo. A história da franquia é sobre umas criaturas digitais homônimas, habitantes de um mundo digital (nomeado digimundo). Esse mundo é feito inteiramente de dados, paralelo ao mundo real e pode ser acessado por redes ou portais intangíveis e conexões de internet.

O primeiro lançamento da franquia foi um virtual pet, nomeado Digimon e lançado em 1997. O primeiro jogo eletrônico foi Digital Monster Ver. S: Digimon Tamers, para Sega Saturn, lançado em 1998. O primeiro filme da franquia foi Digimon Adventure, lançado em 6 de março de 1999. No dia seguinte ao lançamento do filme, a primeira temporada do anime com o mesmo nome foi lançada.

A versão ocidental da série animada e de filmes de Digimon possui diferenças com a original japonesa, por exemplo, a primeira temporada de Digimon possui cortes em cenas de violência e nudez. Essa temporada acabou popularizando o virtual pet e outros produtos que passaram a ser considerados produtos relacionados ao anime no Ocidente. Em 2002, Saban adquiriu os direitos mundiais de distribuição da franquia, exceto pelo Japão, e seis temporadas foram distribuídas por ela em mais de 60 países.

serviam para indicar a função que a palavra desempenhava dentro de uma frase. Esses casos estavam associados a paradigmas denominados declinações, que se davam por meio de desinências nominais que se associavam a raízes, o que faria parte desse sistema de casos que mencionei anteriormente. Tradicionalmente, houve uma tendência a interpretar 1ª e 2ª declinações como feminino (1ª declinação) e masculino (2ª declinação). Esse procedimento ainda é extremamente produtivo em línguas românicas, como o português. No latim vulgar, o gênero neutro (que existia formalmente) foi absorvido pelo masculino, não porque o gênero masculino fosse superior a qualquer outro, afinal não é algo que ocorra dentro de qualquer língua. Cito, posteriormente, as explicações do professor Rodolfo Ilari acerca do desaparecimento do neutro em latim, bem como de certos resquícios dessa forma no português contemporâneo.

> Outra singularidade da morfologia clássica que se perdeu em latim vulgar é o neutro, enquanto gênero gramatical distinto do masculino e do feminino. Para a perda do gênero neutro deve ter contribuído o fato de que sua distinção formal dos substantivos masculinos e femininos era precária. Em latim vulgar, os substantivos neutros acabaram geralmente absorvidos pelos masculinos da mesma declinação (cp. port. esp. *templ*(i)os, com a terminação -os dos acusativos plurais da 2ª declinação); às vezes, houve mudança de declinação, como no caso dos neutros em -*us*, *oris* da 3ª declinação, que passaram para a 2ª (*pectus, pectoris* foi assimilado aos substantivos masculinos da 2ª declinação, daí as formas que essa palavra assume no plural, nas línguas românicas: port. peitos, esp. *pechos*, fr. ant. *pits*, it. *petti*). Resta, porém, na maioria das línguas românicas, um vestígio importante da terminação -a, característica do nominativo e acusativo plural dos neutros latinos em todas as declinações; com efeito, essa terminação foi frequentemente reinterpretada como um feminino singular, às vezes, com o traço "coletivo" ou "não contável". É por esse motivo

que o português tem hoje formas divergentes como braço (do sing. latino *brachium*) "parte do corpo" e braça (do plur. latino *brachia*) "medida de comprimento" ou como lenho (de *lignum*) "substância vegetal que compõe a madeira" e lenha (de *ligna*) significando a mesma madeira encarada como material que serve para queimar.

A perda do gênero neutro afetou de maneira curiosa um aspecto do vocabulário latino que é, às vezes, apontado como um caso exemplar de aplicação lógica dos gêneros gramaticais: em latim clássico, os nomes de árvore eram todos femininos e os nomes de frutos todos neutros. Com o desaparecimento dos neutros, os nomes de frutos passaram a femininos ex.: pira por *pirum*, mala por *malum* etc., de acordo com a tendência já mencionada para incorporar os neutros plurais como nomes coletivos à 1ª declinação; os nomes de árvore passaram, então, a masculinos: *pirus, malus* etc. No período românico, muitas línguas optaram por refazer os nomes de árvore a partir dos nomes de frutos, mediante sufixos ([*arbore*] *pirariu/piraria* > fr. *poirier*, port. *pereira*). Essas vicissitudes do -a dos neutros plurais mostram bem como um morfema de natureza gramatical pode, ao longo do tempo, tornar-se parte integrante do radical de uma palavra. Mas o -a dos neutros como marca de plural sobrevive em algumas línguas, por exemplo o italiano, em que o plural de *braccio* é *braccia*, o de *osso* é *ossa* etc.

Por meio do que se percebe do excerto anterior, o traço evolutivo da língua latina é a absorção do gênero neutro pelo gênero masculino, isto é, o fato de o gênero masculino ser capaz de desempenhar o papel de formações de ordem neutra dentro das construções linguísticas de línguas românicas.[2]

---

[2] Nas línguas indo-europeias, o mais comum é haver três (masculino, feminino e neutro) ou dois gêneros (masculino e feminino), tal como ocorre na língua portuguesa. Existem, porém, idiomas que chegam a ter 20 gêneros, a exemplo de idiomas das línguas bantu, e, no outro extremo, idiomas em que não há gênero algum, como ocorre nos idiomas basco e húngaro. É preciso notar que a própria concepção de "gênero gramatical" varia de língua para língua.

Existem duas maneiras de se fazer a leitura desse traço evolutivo: a primeira é compreender que esse desaparecimento do neutro é uma tendência em línguas românicas e que ocorre sem uma prática sexista ostensiva, perpetrada para sustentar um patriarcado; a segunda é reputar a essa transformação natural da língua um caráter sexista, coletando exemplos em que se colocam homens e mulheres em uma arena virtual da linguagem, numa disputa de poder. A heurística de disponibilidade do pesquisador que se debruça sobre a questão é fulcral para a escolha do caminho diante dessa encruzilhada.

Bem, para que seja possível sustentar a ideia de que seja necessária a criação de um sistema de gênero neutro em língua portuguesa, é mais do que forçoso anuir à ideia de que a língua portuguesa seja machista e privilegie o gênero masculino, como se fosse um gênero nobre ou de mais prestígio dentro do sistema linguístico. Dessa forma, identifica-se um "inimigo comum" a se combater: a distinção tradicional que se faz com o gênero na gramática tradicional. Para insistir nessa ideia e tentar identificar se – em algum momento da história da evolução das línguas que derivaram do latim – houve algum tipo de prestígio de gênero, vamos investigar as línguas vivas que são provenientes da língua latina e refletir a respeito das noções de gênero gramatical que podemos identificar.

O GÊNERO DAS LÍNGUAS PROVENIENTES DO LATIM

O latim está na raiz de cinco línguas que, juntas, somam mais de 1 bilhão de falantes no mundo. A mais popular entre todas elas, que corresponde praticamente à metade desse número de falantes é o espanhol (com cerca de 512 milhões), seguido do francês (com aproximadamente 284 milhões), do português (com cerca de 236 milhões), do italiano (67 milhões de falantes) e encerrando a lista o romeno (com 23 milhões).

Dessas cinco línguas, a única que conservou a noção de gênero neutro (proveniente do latim) foi o romeno, entretanto, não nos moldes da neutralização daquilo que se compreende em sistemas de neutralização como o "Sistema Elu". Na realidade, o neutro do romeno obedece ao seguinte princípio: os substantivos neutros têm forma masculina, no singular; e feminina, no plural. Como regra geral do romeno, para seres vivos o gênero corresponde ao sexo. Os neutros não têm vida.

Ex.: Avô – bunic (m), avó – bunică(f), teatro – teatru (n).

A transição de gênero do substantivo no romeno se faz de forma semelhante ao que se verifica no latim, em uma forma adaptada das declinações, visto que o romeno possui um sistema de casos semelhante ao que se observa na língua latina.

Em português, espanhol, italiano e francês, existem dois gêneros bem marcados (masculino e feminino), com a possibilidade de identificação por meio das terminações das palavras, a despeito de inúmeras exceções que são registradas. Por exemplo:

- Ragazzo – ragazza (italiano)
- Niño – niña (espanhol)
- Acteur – actrice (francês)
- Aluno – Aluna (português)

O que parece ser aceito em todos esses casos é que a neutralização só se faz em relação aos substantivos que não designam seres vivos. Em outras palavras, a noção de distinção "binária" de gênero somente se aplicaria aos seres animados, ou seja, o problema da "neutralização de gênero" não é afeto a seres não-animados. Esse é o caso daquilo que se compreende como um substantivo sobrecomum em língua portuguesa, a exemplo de *carro*, *faca*, *serrote*, *avião* etc.

Mas a questão parece que ainda não está clara: se não há que se preocupar com as formas sobrecomuns (por assim dizer), o que surge como problema de gênero na relação entre masculino e feminino nas línguas para conduzir a uma língua sexista? Aparentemente, a questão é voltada aos seres vivos e à forma como se emprega a noção de gênero, ou seja, as relações de concordância e referência dentro dos enunciados.

Se nos referimos ao grupo de estudantes em uma sala de aula, utilizamos o termo *os alunos*, em português; em francês *les étudiants*; em espanhol, *los alumnos*; em italiano, *Gli studenti*. Note que, em todas as ocorrências de todas as línguas que empregamos nesse paradigma (o das românicas, à exceção do romeno), a referência generalizante (neutralizante de gênero)

O gênero das línguas provenientes do latim

que se realiza no plural é feita pelo recurso ao masculino, isto é, a opção pela não indicação do gênero gramatical feminino. Ora, fica bastante claro que esse recurso não é privilégio ou mazela da língua portuguesa. Aos poucos, a noção de que a língua portuguesa é sexista começa a perder pungência. No entanto, ainda haverá quem diga que isso não está claro e que a opção pelo masculino é uma forma de segregar ou de enobrecer o gênero em questão.

O GÊNERO NA MORFOLOGIA

Pensemos no aspecto da morfologia, ou seja, da própria estrutura lexical. Se existe uma atividade de privilégio realizada de maneira ostensiva, haveremos de perceber na estrutura mórfica dos vocábulos, pois – em algum momento – a formação que deveria ser (naturalmente) feminina foi alterada para uma forma masculina de maneira proposital para reforçar algum suposto[1] propósito patriarcal na língua.

Amini Boainain Hauy (2014), em uma das mais completas obras sobre a gramática de língua portuguesa, apresenta ensinamentos que são tão simples quanto elegantes em sua explicação sobre essa querela morfológica a respeito do gênero. A autora inicia sob o mesmo prisma que apresentei até então (a comparação entre latim, grego e português), demonstrando a tendência a dividir o gênero entre masculino, feminino e neutro (masculino e feminino para pessoas e neutro para coisas). Posteriormente,

[1] É preciso esclarecer que não estou a afirmar que não haja atividade de reforço do patriarcalismo dentro da sociedade. Há por demais, o que se comprova ao longo de nossa história. Entretanto, não jugo cabível divulgar que a língua (ferramenta) possua a natureza patriarcalista (uso ou competência), pois não se culpa a ferramenta pelo uso que se faz dela.

explica a razão de o neutro do latim vulgar ter evoluído para o português como masculino. De acordo com a pesquisadora,

> Mantido no grego, no alemão e no inglês, o gênero neutro não perdurou em português. No latim vulgar, que evoluiu para o português, já era acentuada a tendência a tornar masculinos os nomes neutros, devido à analogia das terminações, e femininos alguns neutros plurais, igualmente por causa da terminação "a" do nominativo plural neutro que se confundia com a dos nomes femininos de 1ª declinação. (HAUY, 2014, p. 564)

Não é o primeiro autor que ensina a transição do neutro para o masculino na evolução das línguas, tampouco será o último. É preciso notar que – mais uma vez – a razão para que o masculino represente o neutro dentro da língua portuguesa é a semelhança das terminações das palavras, isto é, não se trata de um processo ostensivo de privilegiar o masculino dentro da língua. Além disso, a autora ensina que o feminino guarda semelhanças com as declinações do plural dos neutros. Ora, isso quer dizer que além dos pronomes *isto, isso, aquilo, tudo* e *algo*, ainda há resquícios de neutralidade no interior dos vocábulos. Cabe, então, investigar qual é o conceito de masculino e feminino que a autora nos apresenta.

Segundo ela, "considera-se masculino o substantivo ao qual se pode antepor o artigo 'o' e que pode ser substituído pelo pronome 'ele'; e é feminino aquele ao qual se antepõe o artigo 'a' e que é substituível pelo pronome 'ela'" (Hauy, 2014). É precisamente sobre esse ponto que repousa uma das questões mais complexas no tocante ao sistema de neutralização de gênero dentro da língua portuguesa. Essa questão é a concepção de gênero gramatical e gênero biopsicossocial, que parecem ter se imiscuído ao longo do tempo equivocadamente. Nas palavras da autora "o uso das palavras masculino e feminino costuma provocar confusão entre a categoria gramatical de gênero e a característica biológica dos seres". A fim de evitar esse tipo de confusão, Hauy (2014) define gênero como um fato ligado à concordância das palavras em seu relacionamento linguístico.[2] O sistema gramatical da língua portuguesa, como o de inúmeras línguas, baseia-se em relações de concordância. No caso da língua portuguesa temos concordância de gênero, de número e – no caso dos verbos – pode-se observar a uniformidade de tratamento verbal.[3] Vejamos exemplos simples para ilustrar o que estamos explicando.

[2] Ulisses Infante e Pasquale Cipro Neto defendem a mesma definição de gênero.

[3] Isso mesmo, grau não realiza concordância.

Em uma construção como "os carros estão na garagem amarela", somos compelidos a realizar a concordância das formas "os" (artigo) e "estão" (verbo) com o gênero e o número, além da indicação da pessoa verbal (3ª pessoa) relativa ao substantivo "carros"; também se deve realizar a concordância de "a" (artigo) e "amarela" (adjetivo) com gênero e número da palavra "garagem" (substantivo). O sistema de concordância permite que a frase, em língua portuguesa, soe fluida e harmônica, sem qualquer tipo de ruído ou estranheza para o falante do idioma.

Essa relação de concordância não pode ser motivo de discussão sob uma ótica minimalista de representação individual. Em outras palavras, o indivíduo não pode mudar ou impor mudança do sistema de concordância, bem como do modelo de gênero gramatical, por crer que não seja representado por um modelo que acredita não ser neutro. Ocorre, aqui, uma disputa entre a dimensão particular do indivíduo e a dimensão coletiva da língua. Ainda que o uso da língua seja dinâmico e que a língua seja viva, com suas forças centrífugas efusivamente atuantes, existe uma estrutura que é partilhada coletivamente e que necessita de modelos partilhados para que a comunicação se realize (considerando que um dos propósitos da língua seja comunicar).

O gênero que se emprega na gramática é o gênero das palavras, ou seja, uma convenção normativa para estabelecer relações de concordância entre as palavras. O gênero biopsicossocial diz respeito a toda a construção social e da autoimagem do indivíduo frente às questões históricas e psicológicas daquilo que diz respeito ao sexo biológico. O gênero biopsicossocial não se limita a simples questões de ordem gramatical; é uma questão muito mais ampla, que envolve o momento histórico do indivíduo, suas punções mais particulares, a forma como se identifica, a forma como a sociedade estabelece os papéis dos atores sociais etc. Isso jamais se pode ignorar. A luta contra o sexismo, contra o machismo, contra toda a sorte de preconceitos deve ser respeitada e deve ser constante. Acontece que o gênero gramatical é muito mais simples, e muito mais limitado: diz respeito apenas à relação entre as palavras no interior de uma frase (como já defini anteriormente). Dito de forma mais simples: o uso que se faz da língua pode ser discriminatório, mas a língua não é discriminatória.[4]

---

[4] Sou prolixo nessa sentença, porque – a meu ver – não existe absurdo maior do que considerar o instrumento (língua) como algo atado ao preconceito. Uma faca, nas mãos de um chef, ajuda a produzir pratos sensacionais; nas mãos de um assassino, ajuda a ceifar a vida das pessoas. Tudo é uma questão de performance.

SIMPLES, MAS NÃO SIMPLISTA

A **identificação de que algumas** palavras terminadas em "o" são masculinas e de que algumas palavras terminadas em "a" são femininas é simples, mas usar isso como argumento para pensar a noção de masculino e feminino nas palavras é simplista. Observe o que se segue.

São masculinos os nomes terminados em:

-a tônico	alvará, maná, clã, talismã. EXCEÇÕES: pá, cã.
-a átono (de origem grega)	atleta, poeta, profeta.
-ama, -ema, -oma (designativos de coisas de origem grega)	diagrama, grama (unidade de medida), anátema, diadema, dilema, poema, aroma, axioma, diploma, idioma etc.
-o, -ó, -ú	aluno, caderno, livro, cipó, dó, trenó, baú, urubu.
-m precedido de e, i, o, u	armazém, alecrim, fim, dom, som, álbum, fartum etc.
-x	látex, tórax. EXCEÇÃO: fênix.

(CONTINUA)

(CONTINUAÇÃO)

-men e -en (em termos científicos e átonos)	abdômen, certâmen, regímen, pólen.
-ão (se forem substantivos concretos)[1]	coração, pão, tabelião, verão. EXCEÇÃO: mão.
[1] Os abstratos terminados em -ão são femininos: emoção, satisfação, ampliação, solução etc.	A lista a seguir identifica algumas palavras cuja classificação de gênero costuma ser duvidosa. São todos elementos masculinos:

Afã	Guaraná
Ágape	Haras
Alpiste	Herpes
Aneurisma	Hosana
Antílope	Lança-perfume
Apêndice	Laudêmio
Axioma	Lhama
Cassetete	Magazine
Caudal	Magma
Champanha	Matiz
Clarinete	Neoplasma
Contralto	Ônix
Cós	Orbe
Deboche	Ordenança
Decalque	Pampa
Delta	Pâncreas
Diapasão	Patinete
Eclipse	Pernoite
Estigma	Plasma[2]
Estratagema	Preá
Formicida	Protoplasma
Gengibre	Púbis
	Soprano

[2] Cataplasma é feminino.

41 Simples, mas não simplista

Suspense
Talismã
Tracoma

Vau
Vernissage
Vitiligo[3]

[3] Vitiligem é feminino.

Também veremos que não é tão evidente a notação do feminino em língua portuguesa. Em geral, são femininos os substantivos terminados em:

-ã	irmã, romã. **EXCEÇÕES:** íma, talismã.
-gem (átono)	folhagem, imagem, personagem,[4] passagem, vertigem, viagem.
-ade, -ude, -ura, -ice e -eza (abstratos)	bondade, humildade, saudade, plenitude, saúde, candura, finura, meninice, rabugice, velhice, beleza, realeza etc.
-ite (termos científicos)	apendicite, otite, nefrite, faringite etc.
-ase, -ace, -ese, -esse, -ose	base, fase, alface, face, diocese, tese, benesse, apoteose, dose etc.

[4] O uso do termo consagrou *personagem* como palavra que pode ser comum de dois gêneros: o personagem, a personagem.

Também são femininos os seguintes elementos:

Abjunção
Ablação
Ablução
Abóbada
Abusão
Acne
Agravante

Aguardente
Alcíone
Alcunha
Alface
Aluvião
Análise
Apendicite

Áspide	Cútis	Grei
Atenuante	Debênture	Ioga
Bacanal		Libido
Bacanal	Dengue	Linotipo
Baguete	Derme	Mascote
Bicama	Dinamite	Matinê
Bólide		Meninge
Bílis	Ênfase	Micareta
Cal	Entorse	Omoplata
Cataplasma	Enzima	Pane
Cólera		Rês
Comichão	Gênese	Sentinela
Couve-flor	Grafite	Variante

Pensar em terminações para a identificação de masculino e feminino não pode ser base para discutir gênero biopsicossocial dentro da gramática. Os diversos fenômenos que estão associados à noção ao gênero gramatical e à mudança de gênero das palavras são extremamente produtivos e importantes para a língua portuguesa. Com o objetivo de compreender, de forma mais clara, como essas questões surgem na língua, vamos revisitar algumas lições sobre o gênero dos substantivos.

UMA PEQUENA LIÇÃO DE GRAMÁTICA

Quando se pensa a respeito do gênero dos substantivos, a gramática tradicional ensina que há duas categorias, a dos substantivos biformes e a dos substantivos uniformes. Os biformes, como se pode inferir pelo nome, possuem uma forma para o masculino e uma para o feminino. Já os uniformes possuem apenas uma forma que pode ser empregada para ambos os gêneros.

Esclareçamos que os biformes podem ser:

- **Desinenciais:**[1] que formarão o feminino com o auxílio do -a, removendo a vogal temática da raiz do vocábulo.
  - Aluno – Alun**a**
  - Menino – Menin**a**
- **Heteronímicos**: que formarão o feminino com uma palavra totalmente diferente da palavra no masculino.

[1] Há uma confusão comum nesse caso, pois é comum que se divulgue que -o e -a representam desinências de masculino e feminino. O que não é o caso. A terminação -o, presente nos vocábulos em análise, é uma vogal temática que – somada ao morfema lexical – ajuda a formar o tema da palavra. Temos, nesse caso, o que se chama de moção de gênero.

- Bode – Cabra
- Pai – Mãe

Ao passo que os uniformes são classificados como:

- **Epicenos**: cujo gênero se indica pela aposição de *macho* ou *fêmea*.
  - O jacaré macho – o jacaré fêmeo[2]
  - A cobra macha – a cobra fêmea
- **Comuns de dois gêneros**: em que a forma do substantivo não muda, apenas o termo que o acompanha.
  - A motorista – O motorista
  - A estudante – O estudante
  - Aquela dentista – Aquele dentista
- **Sobrecomuns**: quando o gênero do substantivo é indiferente e possui apenas uma marcação:
  - A mascote
  - A pessoa
  - O guia
  - O sujeito

Quando se pretende realizar a concordância, indicando a noção de diversos nomes, em língua portuguesa, apaga-se qualquer vestígio de "flexão" de gênero, para empregar a palavra em seu estado neutro, ou seja, apenas com a vogal temática. Ao dizermos:

---

[2] No caso da designação do epiceno, há duas lições divergentes: Joaquim Mattoso Câmara Jr. ensina que *macho* e *fêmea* são substantivos apostos, portanto seriam invariáveis. Isso formaria "a cobra macho e a cobra fêmea", bem como "o jacaré macho e o jacaré fêmea". No entanto, Napoleão Mendes de Almeida, Carlos Góis, Herbert Palhano e Francisco Silveira Bueno ensinam que *macho* e *fêmea* são adjetivos, que devem concordar com o substantivo a que se referem. Para quem está confuso em relação às opções, a língua dispõe até mesmo de *macha* e *fêmeo*.

- Os alunos entraram na sala. (1)
- Aluno costuma questionar. (2)

Aplicamos dois processos para neutralizar o gênero do substantivo, a fim de designar uma noção mais abrangente da categoria do nome "aluno". Em 1, a estratégia é empregar uma flexão de plural sobre o substantivo sem marcação ostensiva de gênero (de acordo com a explicação prévia). Em 2, a estratégia repousa sobre o emprego do nome sem marcação ostensiva de gênero e sem determinação realizada por um artigo, o que possui alto fator generalizante. No substantivo "aluno",[3] temos o morfema lexical (ou raiz, se preferir) "alun", acrescido da vogal temática "-o", para formar o tema e permitir flexões, como a de plural (com o acréscimo de -s).

Perceba que a língua portuguesa só conhece dois gêneros para as relações de concordância, e esses gêneros estão distribuídos em um complexo emaranhado de terminações e convenções de classificação. A despeito disso, note que são poucas as situações em que se faz uma mudança simples de terminação vocabular para indicar categorias como masculino ou feminino. Aliás, de acordo com Rosa (2003), "apenas 4,5% dos nomes em português referem-se a seres sexuados e, desses, nem todos recebem uma marca morfológica de gênero". Fato esse que ainda faz questionar se a noção de flexão

[3] Que já foi "vítima" do que eu chamo de etimologia *freestyle*, quando alguém resolveu definir que aluno significa "sem luz". A intenção de quem perpetrou tal definição era a de excluir o uso da palavra em questão, pois colocava o professor em posição superior ao "indivíduo sem luz". A saber, a etimologia correta de "aluno" é "alumnus" (do latim), cujo significado é "criança de peito, lactente, menino, discípulo".

de gênero realmente é uma característica inerente aos nomes do português.

E o que isso pode significar? Bem, caso haja anuência a essa teoria, a noção de flexão de gênero de masculino para feminino ou o contrário seria desfeita, levando-se à conclusão de que são palavras diferentes, independentemente da noção de gênero.

Todas essas lições sobre as estratégias de neutralização de gênero com a forma apenas da vogal temática (para não usar o masculino, pois causa ojeriza em algumas pessoas) são ensinadas, ou deveriam ser ensinadas na escola, nas aulas de língua portuguesa. Afinal, pensar sobre questões sociais como a identificação de gênero biopsicossocial e seus possíveis desdobramentos discursivos é algo que deve, forçosamente, abarcar questões linguísticas. Esse debate, porém, não pode acontecer aquém da visão estrutural da gramática, uma vez que se está operando justamente sobre os elementos de ordem gramatical dentro da língua.

AS TENTATIVAS DE NEUTRALIZAÇÃO DENTRO DO SISTEMA LINGUÍSTICO[1]

A primeira vez em que ouvi algo a respeito de neutralização de gênero em língua portuguesa foi por volta de 2009, quando vi que um professor de biologia de determinada escola no Brasil resolveu substituir a forma "aluno(a)" na identificação de uma prova por algo como "alunx", em que X representa uma variável, cujo conteúdo pode ser preenchido mentalmente a depender da identificação do indivíduo. A partir de então, desenvolvi um interesse a respeito do assunto e resolvi buscar bibliografias, a fim de fundamentar uma reflexão mais apurada.

Infelizmente, a literatura acerca do assunto é bastante difusa, carece de sistematização e – em muitos dos casos – de embasamento ou mesmo de fundamento acadêmico. Nesta seção, explicarei algumas das propostas de neutralização de gênero dentro das línguas, de acordo com alguns estudos mais recentes.

[1] A sessão que se segue foi retirada, quase que em sua totalidade, de um artigo sobre linguagem neutra. Fiz o possível para manter as ideias originais do artigo, pois é preciso que o leitor compreenda quais são os pontos de reivindicação de quem defende o emprego da neutralidade de gênero na língua.

É importante deixar claro que esse debate está extremamente politizado, principalmente no Brasil. O predicativo "politizado" aqui não deve ser compreendido de maneira positiva, na realidade, esse debate politizado revela uma polarização aguda, em que os atores chegam a se encarar como inimigos num palco de discussão ideológica. Eu pretendo passar longe disso, porque não pretendo alimentar qualquer sorte de sectarismo que pode ser proveniente dessa querela.

A questão da linguagem neutra de gênero ficou bastante popular no Brasil da pior forma possível: por meio de memes[2] na Internet. Em pouco tempo, a questão se transformou em chacota e dividiu opiniões, no entanto, não se chegou a um debate sério no tocante ao assunto, uma vez que ele se afogou no mar de opiniões que inunda as redes sociais. Depois de pouco tempo, a questão da neutralização de gênero em língua portuguesa foi batizada (não se sabe ao certo por qual motivo) de "pronome neutro".[3]

Houve alguma aceitação da proposta de neutralização de gênero nas universidades, fundamentalmente em cursos de humanidades. É comum encontrar e-mails institucionais (eu recebi diversos) com a saudação "Prezad@s Alun@s", ou "Prezadxs Alunxs". O que não passa sem causar certa comoção.

Do ponto de vista da linguagem e da gramática, a neutralidade de gênero em

[2] Meme aqui é definido como uma mensagem de natureza audiovisual, que possui alto poder de propagação, tal qual um vírus.

[3] Para esclarecer, há pronomes neutros em língua portuguesa: isto, isso, aqui, tudo e algo.

As tentativas de neutralização dentro do sistema linguístico

novas línguas ou línguas neutras de gênero é o aspecto mais recente que requer maior igualdade entre homens e mulheres e não-binários. Alguns autores sugerem que falantes de línguas com gênero gramatical (como português, espanhol, francês e outros) tenderiam a ter pensamentos mais sexistas[4].

Um dos argumentos selecionados para defender a linguagem neutra de gênero é que as línguas neolatinas determinaram que os plurais de substantivos são baseados no masculino quando abrangem indivíduos de ambos os gêneros feminino e masculino, por exemplo: "vinte meninas" e "dez meninos", que juntos constituem "trinta meninos"[5]. Certos grupos e indivíduos consideram esta forma plural como sexista, levando à proposta de adotar um gênero plural neutro em português e espanhol.

[4] Teoria que pode ser bastante controversa, tendo em vista que no idioma Basco e no idioma Húngaro (que não possuem qualquer tipo de gênero gramatical), não há menor taxa de sexismo, haja vista a proposta de 2018 de Victor Orban (então primeiro-ministro húngaro) de eliminar os estudos de gênero dentro das universidades.

[5] Como vimos nos capítulos anteriores, não é o gênero masculino que serve como base, mas a vogal temática que neutraliza a noção de gênero da palavra, uma vez que o único gênero marcado é o feminino.

ALGUMAS PROPOSTAS DE NEUTRALIDADE NA ORTOGRAFIA

Nas linhas que se seguem, há – de uma forma resumida – algumas propostas de neutralização da língua portuguesa em suas expressões escritas ou faladas. Tentei manter ao máximo a originalidade da fala durante a pesquisa. Por essa razão, as minhas considerações estarão nas notas de rodapé.

A proposta mais conhecida para neutralidade de gêneros em relação à ortografia é o emprego do sinal gráfico arroba (@) no lugar de -o, -a ou mesmo -e: "@s trabalhador@s" (pt), "l@s niñ@s" (es). Esse uso do arroba é observado, principalmente, entre os falantes de espanhol, embora condenado explicitamente pela Real Academia Espanhola, que regula oficialmente a língua. No mundo lusófono (dos falantes de língua portuguesa), o uso do arroba como neutralizador de gênero é muito menos divulgado; vem, todavia, crescendo, como se nota por exemplo em certas faculdades de ciências humanas de universidades brasileiras – a Universidade de São Paulo (USP), a Universidade de Brasília (UnB) e a Universidade Estadual de Campinas (Unicamp).

Terminações e sufixos em x também têm sido adotados na tentativa de neutralizar palavras, como em *todxs* em vez de "todos e todas", *meninxs* no lugar de "meninos e meninas", no pronome *elx* em vez de ele e ela, e no adjetivo *latinx* em vez de latino ou latina.

1 Segundo Fiona Kumari Campbell, professora sênior na Escola de Educação e Serviço Social da Universidade de Dundee na Escócia, se traduz como capacitismo a palavra inglesa *ableism*, que significa a discriminação por motivo da condição de deficiência. O conceito está associado à produção de poder e se relaciona com a temática do corpo por uma ideia de padrão corporal perfeito; também sugere um afastamento da capacidade e da aptidão dos seres humanos, em virtude da sua condição de deficiência.

Usos de arroba e x nos lugares de -o e -a foram considerados capacitistas[1] e elitistas, logo a vogal -e foi adotada para uma linguagem mais inclusiva "todes es garotes juntes" e os pronomes "elu", "éle" e "ile" começaram a ser usados.

Éle é uma alternativa vinda do espanhol elle, por vezes escrito com acento élle, que é a junção, tanto de pronúncia quanto de escrita, de ella e él, pronome que ainda é tido como neologismo, em outras palavras, neopronome.

Outra proposta é a do emprego do "a anarquista" (Ⓐ), usado da mesma forma que "@" em substituição a "a/o", sobretudo em textos políticos radicais: (¡CompañerⒶs, hay que ocupar y resistir, hasta la victoria!). Também se observa, com essa mesma função, o emprego da letra "x" (por exemplo, em certos manifestos do "Movimento Zapatista").

Historicamente, a barra (/) foi o símbolo mais utilizado com essa função, como em candidato/a. Em exemplos como esse, no entanto, seu uso mantém a marca de separação entre os dois gêneros. Para algumas pessoas, é recomendável apenas quando não é possível fazer a síntese de letras: "el/la estudiante" (es), "o/a estudante" (pt); ou quando um dos dois vocábulos é formado não por substituição de uma letra, mas por seu acréscimo/supressão: "o vencedor será escolhido pelo juiz", logo, deveria ser grafado, de forma neutra, "o/a vencedor/a

59 Algumas propostas de neutralidade na ortografia

será escolhido/a pelo/a juiz/a". Porém, na forma clássica, seria com parênteses: "os(as) senhores(as) alunos(as)".

Há o símbolo æ, proposto em Português com Inclusão de Gênero (PCIG) em substituição a "e/a". A proposta é igualmente válida para o espanhol. Assim, "escritoras e escritores" ou "escritores/as" deveria ser substituído por "escritoræs". O sufixo -ae também foi proposto, bem como elae e elæ.

Há, também, a proposta de difusão do chamado "arroba minúsculo", por razões estéticas e a fim de diminuir a impressão negativa que um @ em tamanho natural no interior de palavras costuma causar aos leitores. Como as fontes gráficas padronizadas não trazem um arroba minúsculo, a sugestão feita pelo PCIG é a de manualmente escolher uma fonte menor para o arroba (a sugestão é de algo entre 25% e 40% menor que a fonte das demais letras).

A tabela abaixo apresenta as principais propostas de pronomes pessoais[2] neutros:

[2] "Aquele" não é pronome pessoal, mas – para preservar a originalidade da proposta – mantive todas as explicações da mesma forma como as encontrei durante a pesquisa.

	ilu	elu	el	elx	ile	ili	éle	el@
ele/a(s)	ilu(s)	elu(s)	el(s)	elx(s)	ile(s)	ili(s)	éle(s)	el@(s)
dele/a(s)	dilu(s)	delu(s)	del(s)	delx(s)	dile(s)	dili(s)	déle(s)	del@(s)
nele/a(s)	nilu(s)	nelu(s)	nel(s)	nelx(s)	nile(s)	nili(s)	néle(s)	nel@(s)
aquele/a(s)	aquel(s)	aquelu(s)	aquel(s)	aquelx(s)	aquile(s)	aquili(s)	aquéle(s)	aquel@(s)

PROPOSTAS PARA NEUTRALIDADE NA PRONÚNCIA

Oponentes do uso do arroba e æ como letras consideram-nas como uma forma de degradação das línguas. Levanta-se também, com frequência, a questão sobre como se pronunciar essas duas novas letras.

O PCIG possui sua própria proposta de pronúncia neutra: segundo eles, o som do @, em substituição a a/o, poderia ser pronunciado como um "ó aberto" ([ɔ], como em "pó", "morte", "sogra") e o æ, no lugar de a/e, como um "é aberto" ([ɛ], como em "pé", "mel", "testa").

Isso se explica porque o som /ɛ/, chamado "é aberto" em português, é foneticamente intermediário entre o /a/ e o /e/, o chamado "ê fechado". Similarmente, o som /ɔ/ (em português conhecido como "ó aberto") é um intermediário em termos fonéticos entre os sons /a/ e /o/ ("ô fechado").

Assim, "duas garotas" e "dois garotos", juntos, seriam "quatro garot@s" – pronunciado [ga'rotɔs], isto é, como o último "o" aberto.

Várias "professoras" e "professores" juntos, igualmente, seriam vários "professoræs", pronunciado [profe'sorɛs], com o último "e" aberto, ou "váries professories".

Em espanhol, no entanto, essa proposta parece fadada ao fracasso, uma vez que o sistema fonético espanhol não abrange diferentes pronúncias, mais abertas ou fechadas, para as vogais "e" e "o". Assim, a maioria dos falantes de espanhol, não perceberia uma diferença na pronúncia de "niñ@" (/'niɲɔ/) daquela de "niño" (/'niɲo/), ou entre a pronúncia de /ɛ/ "neutro" e a do /e/ "masculino".

Haja vista as necessidades de pessoas com as mais variadas dificuldades de leitura, como dislexia e processamento de dados visuais ou também o caso de pessoas que necessitam de leitores de tela, quando ocorre a substituição de vogais por @, x, Ⓐ ou æ, a situação se torna mais prejudicial do que positiva. Por causa disso, há outras soluções propostas.

- Mudar a estrutura da frase, o que evitaria o incômodo para quem estivesse lendo.

- Usar generosamente substantivos sem gênero:[1] termos como "pessoa", "indivíduo", "sujeito" (esse está se começando a generificar, principalmente em círculos feministas), "gente", "população" etc., para poder generificar a palavra de acordo com essa, sem perder o sentido e a concordância. Por exemplo: ao invés de "todos os presentes concordaram", usar "todas as pessoas presentes concordaram";

[1] Ou aparentemente sem gênero.

65 Propostas para neutralidade na pronúncia

- Suprimir pronomes e artigos desnecessários ou repetir o nome. Em muitas frases o pronome está lá meramente por costume.[2] Por exemplo, em "A Maria nasceu dia cinco", podemos dizer "Maria nasceu dia cinco". Em "Todo mundo esperou até que ela[3] chegasse", podemos dizer "Todo mundo esperou até que chegasse";

- Usar alguns termos "sem gênero" que ignoramos. Tente usar "de" (ao invés de da/do) e "lhe" (ao invés de a/o). Na Bahia, por exemplo, usa-se muito o "de". Nada impede usar essa linguagem em qualquer lugar do Brasil. Ao invés de dizer "Essa é a blusa dx Juno", podemos dizer "Essa é a blusa de Juno";[4]

- Utilizar o gerúndio e a voz passiva, entre outras mudanças, são formas interessantes de desgenerificar: do semântico: "Os estudantes não poderão receber visitas

[2] O que se diz "costume" não é exatamente costume. O fato de empregar um artigo antes de um substantivo próprio em língua portuguesa possui funções pragmáticas bastante definidas, a exemplo de indicar um referente de saliência discursiva. O caso do pronome serve para indicar ostensivamente o sujeito da ação verbal e, assim, evitar ambiguidade.

[3] Trata-se de mais uma sugestão sem consciência de uso das estruturas sintáticas. O emprego do pronome serve para evitar ambiguidade em uma situação comunicativa, em que houvesse mais de um referente dentro da sentença.

[4] Esse parágrafo todo possui severos problemas de compreensão da estrutura da língua portuguesa. A preposição "de" é invariável, justamente por ser uma preposição. O emprego dos artigos em combinação com a preposição serve para indicar as relações de subordinação dos elementos apostos em relação a ela. O exemplo também não foi feliz, porque o apagamento do artigo em relação ao substantivo próprio não é particularidade da Bahia. Em diversas regiões do Brasil isso é bastante comum, com uma nuance de particularidade do referente. Outra forma reprovável foi a sugestão de se empregar "lhe" no lugar dos pronomes "o" e "a". Está-se falando sobre pronomes oblíquos, nesse caso, e é preciso que o indivíduo saiba que essas formas não são aleatórias: emprega-se "lhe" para elementos de natureza subordinada indireta, ou seja, que seriam demarcados no interior da sentença por uma preposição (entregou a carta ao carteiro = entregou-lhe a carta); ao passo que "o" e "a" são elementos empregados para fazer menção a entes (em sua maioria não pessoais) de subordinação direta, ou seja, sem demarcação prepositiva (comprei o carro na semana passada = comprei-o na semana passada). É muito preocupante que esse tipo de solução seja colocado em pauta, pois carece das mais elementares noções de estrutura da língua portuguesa.

[5] Isso é uma questão de estilo de escrita, que nada tem a ver com neutralização de gênero, uma vez que as relações de concordância estão bem marcadas na frase.

[6] Talvez, o propositor dessas alternativas não seja capaz de reconhecer a alteração de sentido no interior de cada sentença e esteja preocupado unicamente em remover uma marca de feminino no interior da palavra. Há uma diferença semântica considerável entre "Você está cansada?" e "Você se cansou?".

femininas nos dormitórios", optar pela alternativa: "Não se permitem visitas nos dormitórios";[5]

- Mudar a estrutura dos verbos na frase: em vez de "Você está cansada?" opte por "Você se cansou?", em vez de "Você está linda", optar por uma das opções: "Você está uma pessoa linda" / "Que lindeza você está" / "Sua roupa está linda" / "Seu corpo é lindo".[6]

Faz-se notar, enquanto analisamos essas propostas, que muitas delas ainda carecem de elementos básicos da estrutura da língua, os quais não podem ser simplesmente postos de lado no momento de se discutir uma mudança da própria estrutura da língua. Seria como alguém pretender uma mudança na forma de se fazer cirurgia cardíaca sem conhecer claramente os fundamentos de cirurgia geral.

Na próxima seção, eu apresento minha crítica em relação à proposta, bem como algumas considerações de natureza social, a respeito dos elementos motivadores para a proposição de língua neutra.

UMA PEQUENA LIÇÃO SOBRE VARIAÇÃO LINGUÍSTICA

Nenhuma língua é estanque. Bem, talvez as línguas mortas não estejam mais em evolução, mas mesmo essas línguas já passaram por modificações ao longo da história. Isso nos faz compreender que qualquer língua está sujeita a mecanismos de variação. Esses mecanismos não são empregados ostensivamente, ou seja, a variação ocorre em decorrência do uso da língua em seus mais diversos contextos.

Existem disciplinas acadêmicas que dão conta desses fenômenos relativos à mudança da língua. A Filologia,[1] a Etimologia,[2] a Lexicologia[3] são exemplos de áreas não tão recentes assim

---

[1] Filologia é o estudo da linguagem em fontes históricas escritas, incluindo literatura, história e linguística.

[2] Etimologia é um campo de estudo da linguística que trata da história ou origem das palavras e da explicação do significado de palavras através da análise dos elementos que as constituem.

[3] A Lexicologia é um ramo da linguística que tem por objetivo o estudo científico de uma grande quantidade de palavras de um determinado idioma – léxico – sob diversos aspectos. Para isso, ela procura determinar a origem, a forma e o significado das palavras que constituem o acervo de palavras de um idioma, bem como o seu uso na comunidade dos falantes. Assim, por meio da lexicologia torna-se possível observar e descrever cientificamente as unidades léxicas de uma comunidade linguística.

que já estudam a história das palavras e suas possibilidades de mutação sob uma perspectiva científica. A Sociolinguística, por sua vez, é um ramo dos estudos linguísticos que tem por foco o estudo da relação entre a língua e a sociedade. Dessa forma, podemos nos reportar a diversos ramos de estudo para compreender os fenômenos que levam a algum tipo de mudança na língua, seja ela fonológica, ortográfica, morfológica, sintática etc. Para poder discorrer um pouco sobre mudanças dentro da língua, será necessário apresentar alguns conceitos da sociolinguística.

Existem vertentes distintas dentro da sociolinguística, a fim de que haja a possibilidade de especialização das pesquisas. Elas são:

- Sociolinguística **variacionista**: também chamada de Teoria da Variação e Mudança (cujo fundador foi William Labov) busca elucidar covariação sistemática entre língua e sociedade. Em outras palavras, a relação de variação observada sistematicamente na língua e na sociedade.

- Sociolinguística **interacional**: busca demonstrar como os usuários da língua criam significados por meio das interações sociais. Seu fundador foi John J. Gumperz, que era linguista e antropólogo.

- Sociolinguística **educacional**: trata-se de um campo de aplicação da sociolinguística aos programas de formação de docentes para o ensino de língua materna. Um nome de destaque é Stella Maris Bortoni-Ricardo.

Apesar de todos os campos da sociolinguística poderem impactar a discussão a respeito da possibilidade de uma linguagem neutra de gênero, o ponto de vista da variação pode ser mais elucidativo nessa discussão. É comum encontrar argumentos de partidários da transformação do código linguístico (de forma artificial) para abarcar um gênero neutro apoiados em pressupostos variacionais, ou da Sociolinguística variacionista. Logo, faz-se necessário apresentar alguns princípios que norteiam os estudos desse campo da Linguística. Existem três termos importantes para a sociolinguística, que podem comumente são confundidos, vejamos:

- **Variedade**: isso diz respeito às distintas formas de manifestação (realização) da fala dentro de uma língua, por meio dos diferentes traços que a condicionam, quais sejam: sociais, culturais, regionais e históricos de seus falantes. As variedades linguísticas podem ser classificadas como:

- *Dialeto*: que se refere ao modo particular de uso da língua numa determinada localidade. Como exemplo, podem figurar os dialetos que existem nas diversas regiões da Itália (como o Vêneto, o Sardo, o Friulano ou o Occitano), da Alemanha (como o Bávaro, o Baixo-alemão, o Saxônio, ou o Suábio).

- *Socioleto*: é a variedade linguística de um determinado grupo de falantes que partilham os mesmos traços e experiências socioculturais, a exemplo de como se comunicam pessoas de uma mesma profissão, pessoas de determinada comunidade cultural etc.

- *Idioleto*: é o modo particular de cada indivíduo expressar-se por meio da fala. Algo como a identidade da fala do indivíduo.

- *Cronoleto*: variedade pertencente a uma determinada faixa etária, ou seja, modo próprio desta geração manifestar-se.

- **Variante**: termo utilizado nos estudos de sociolinguística para designar o item linguístico que é alvo de mudança. Assim, no caso de uma variação fonética, a variante é

> **4**
>
> De acordo com Oxford Languages, cada uma das realizações concretas de um fonema, própria do contexto fonético em que se encontra (p. ex.: o fonema /t/ na pronúncia carioca tem dois alofones diferentes, é dental oclusivo em tua [antes de /u/] e dental africado em tia [antes de /i/)]; variante alofônica, variante combinatória, variante condicionada, variante contextual, variante fonêmica, variante posicional, variante subfonêmica.

o alofone.[4] A variante representa, dessa forma, as formas possíveis de realização.

- **Variável**: traço, forma ou construção linguística cuja realização apresenta variantes observadas pelo investigador. Em outras palavras, a variável é todo fenômeno linguístico que pode ser realizado por duas ou mais variantes. Tarallo (1986) afirma que: "variantes linguísticas são diversas maneiras de se dizer a mesma coisa em um mesmo contexto e com o mesmo valor de verdade. A um conjunto de variantes dá-se o nome de *variável linguística*". A realização de primeira pessoa do plural é uma variável linguística e as formas "nós" e "a gente" são duas variantes possíveis de realização dessa variável.

Durante a observação de um fenômeno variável, cabe ao sociolinguista investigar os contextos de uso que favorecem a presença de uma das variantes. Se uma variante apresentar frequência de uso maior do que a outra, pode ser um indicativo de que alguma mudança linguística esteja em curso ou esteja prestes a ocorrer. Por outro lado, caso não haja frequência de uso maior de uma variante, pode indicar que se trate de uma variação estável presente na língua.

A variação linguística é o movimento em que essas transformações ocorrem, ou seja,

73 Uma pequena lição sobre variação linguística

em que as variantes abrem espaço para uma variável possa se estabelecer em uma variedade. Apesar de a terminologia parecer um apanhado de sinônimos, não é o caso. Pela descrição acima, é perceptível que há uma identidade bem delineada para cada elemento desse processo. A ciência sociolinguística apresenta um trabalho sério de investigação, que exige grande sensibilidade por parte do pesquisador, a fim de que consiga descrever cada etapa no processo de variação.

Ainda é preciso citar que existem tensões entre forças dentro de uma língua. Essas forças atuam em relação à transformação linguística de formas antagônicas. Terminologicamente falando, temos as **forças centrípetas da língua**, cujo movimento é para o centro duro (o *hardcore*) da língua, ou seja, são as forças que tendem a manter a língua como ela é, com a menor quantidade de transformações gramaticalizadas. De outro lado, temos as **forças centrífugas da língua**, cujo movimento é de transformação (para fora da normatização), de mudança. A gramática normativa, os professores de língua portuguesa, os textos formais institucionalizados são exemplos de forças centrípetas da língua. A fala popular, os textos publicados em contextos informais de redes sociais ou Internet e as manifestações dos falantes não baseadas em uma norma padronizada são exemplos de disrupções das forças centrífugas da língua. A estabilidade entre essas forças garante relativa estabilidade do sistema ao passo que revoluções discretas, ou atualizações, vão surgindo – assim com um sistema operacional. Por causa das forças centrípetas, o sistema linguístico é possível; por causa das forças centrífugas, o sistema evolui.

Entretanto, um cientista que se dedica à sociolinguística consegue compreender que essas tensões surgem pelo contato entre diferentes comunidades linguísticas, isto é, a variação pode ser motivada de formas diferentes. As variações mais relevantes até o presente momento são as seguintes:

- **Diatópica**: que está relacionada ao local em que se observa a variação. Algumas opções lexicais podem ser exemplos desse tipo de variação. "Menino", "guri", "piá" e "garoto" são palavras que descrevem um mesmo "ente" em diferentes lugares do Brasil.

- **Diacrônica**: que está relacionada ao recorte histórico em que se observa a variação. Expressões como "bacana", "style", "brotinho" representam recortes históricos de momentos distintos da história da língua portuguesa falada no Brasil.

- **Diastrática**: que está relacionada ao grupo social em que se observa a variação. Muito daquilo que se conhece como gíria ou linguagem codificada se enquadra nessa forma de variação.

- **Diafásica**: que se relaciona ao contexto comunicativo em que se observa a variação. Fundamentalmente voltada à fala, essa variação pode se notar em contextos formais ou informais de comunicação.

- **Diamésica**: que se relaciona ao meio pelo qual a comunicação demonstra a variação. A forma de encriptar o código linguístico é diferente a depender daquilo que dá suporte à mensagem. Por exemplo, um aplicativo de mensagens diretas pode apresentar variação em relação a uma plataforma de e-mails.

De todas essas formas identificadas na variação, a única em que se percebe uma força ostensiva de transformação é a da variação diastrática, aquela que identifica grupos sociais específicos. Nesse caso, a intenção não é democratizar o código, mas o contrário: a intenção é impedir que todos tenham acesso à chave para desencriptar a mensagem. Em exemplo dessa forma de variação diastrática é o código empregado entre presidiários, a fim de impedir a compreensão abrangente. Com essa forma de variação, é possível uma comunicação particular, grupal, em que os pares conseguem se comunicar

Uma pequena lição sobre variação linguística

sem a interferência externa. Ainda é preciso deixar claro que essa forma de variação não pretende ser institucionalizada, impondo-se como elemento a ser padronizado.

As transformações linguísticas que ocorrem sem uma motivação ostensiva (a de criação de um código artificial para impedir a decodificação por qualquer pessoa) são provenientes do contato entre diferentes línguas, diferentes competências linguísticas e diferentes contextos de realização linguística. São processos lentos, complexos, e que dependem de uma anuência da comunidade linguística. Muitos deles sequer passaram ou passarão pelo processo de gramaticalização. Serão vistos como uma forma variante, sem que isso seja qualquer tipo de demérito ou de manifestação linguística menor, pois aos professores e aos pesquisadores cabe o ensino de que não se pode classificar a pessoa por causa da variante que ela emprega em sua fala quotidiana.

Para que um sistema de neutralização de gênero surgisse na língua portuguesa, seria necessário que as formas neutras fossem facilmente acomodáveis à estrutura sincrônica da língua (que foi diacronicamente moldada), sem que fosse necessário criar uma forma de estabelecimento de concordância; sem que fosse necessário criar uma nova categoria dentro de uma classe de inventário fechado (como é a classe dos artigos). Também seria necessário que houvesse uma sistematização fundada em princípios linguísticos claros, sem pensar que a terminação de uma palavra (em -o ou -a) designasse sua realidade física extralinguística. Seria fundamental estabelecer os pressupostos morfológicos em que a neutralidade estaria baseada, pois – para que se estabeleça uma transformação no código linguístico – a discussão deve ser realizada com base em pressupostos linguísticos também. Apesar de tentar apresentar essa discussão de uma forma desapaixonada, há que se registrar que algumas bases argumentativas beiram o absurdo.

Uma delas é que o debate sobre a mudança no código-fonte da língua portuguesa deve ser feito com base em filosofia da linguagem e na Teoria Queer, não com base em linguística. Em outras palavras: toda a comunidade linguística deve buscar entender a razão pela qual se quer impor a criação de uma força alternativa a uma forma que já existe na realidade linguística da língua portuguesa, mas isso não pode ser feito à luz da linguística ou das áreas que estudam a língua, porque – de alguma maneira – essas disciplinas que se ocupam exclusivamente dos estudos linguísticos não seriam capazes de explicar como se dá a neutralização à referência de gênero. É como se se dissesse: "tudo bem, eu entendo que já existe uma forma neutra em língua portuguesa, mas eu não aceito essa forma e quero que outra seja criada".

A reconfiguração semântica do léxico do Pajubá[5] demonstra como houve variação diastrática motivada pela comunidade LGBTQIA+ ao longo dos anos. Essa manifestação não pode ser vista como um sinônimo da proposição de linguagem neutra de gênero, pois o fundamento dessas manifestações é completamente diferente.

Em tempo, é notório que – a menos que haja uma sistematização rigorosa dos princípios gramaticais da "neutralização de gênero no sistema Ilu" – o futuro das manifestações linguísticas da artificialidade da "nova língua" será a identificação como uma variação diastrática também, ou seja, contrária ao preceito de inclusão. Isso pode levar à construção de mais uma barreira linguística que pode ser extremamente grave se for intracomunidade LGBTQIA+: uma cisão entre os optantes por uma performance baseada ou não em um sistema de gênero zero.

---

[5] Pajubá é um dialeto da linguagem popular constituída da inserção em língua portuguesa de numerosas palavras e expressões provenientes de línguas africanas ocidentais, muito usado pelo chamado povo do santo, praticantes de religiões afro-brasileiras como candomblé, e também pela comunidade LGBTQIA+.

COMO OCORREM AS MUDANÇAS NA LÍNGUA PORTUGUESA

Uma vez que a proposição de uma nova língua, com o acréscimo de uma forma neutra, ou mesmo a transformação de uma base linguística já existente, faz-se necessário compreender quais são os fenômenos que podem resultar em uma transformação efetiva das palavras na Língua Portuguesa. Nesta seção, recorreremos aos estudos em Filologia e Etimologia.

As mudanças no léxico de uma língua costumam ocorrer por meio de metaplasmos. Metaplasmo, que vem do grego μετα = além + πλασμός = formação, transformação, é o estudo das modificações fonéticas dos vocábulos por meio de sua evolução. A finalidade de um metaplasmo é atingir a eufonia sincrônica, ou seja, a melhor forma como determinada palavra soaria no presente momento do sistema de uma língua.

Nesta seção eu pretendo apresentar alguns dos principais tipos de metaplasmo, a fim de que seja possível perceber como ocorrem as mudanças no interior dos vocábulos e quais são os fenômenos que as descrevem.

Os metaplasmos podem ocorrer da seguinte forma:

1. POR ADIÇÃO DE SONS

a) **Prótese**: trata-se da adição de sons ao início de uma palavra. Por exemplo, a forma "amostrar", que possui um "a" protético antes de "mostrar".

b) **Epêntese**: trata-se da adição de sons no interior da palavra.[1] Por exemplo, a forma "avea" (do português arcaico) que recebeu um "i" epentético e se transformou em "aveia".

c) **Paragoge**: trata-se do acréscimo de sons ao fim de uma palavra. Por exemplo, o acréscimo de "s" à preposição "ante", que resultou em "antes".

2. POR SUPRESSÃO DE SONS

a) **Aférese**: trata-se da perda de fonemas iniciais de uma palavra. Por exemplo, "enamorar" transforma-se em "namorar", após a perda do "e".

b) **Síncope:**[2] trata-se da supressão de um fonema no interior da palavra. Por exemplo, "luna", que (após perder o "n") transformou-se em "lua".

c) **Apócope**: trata-se da perda de um ou mais fonemas no fim da palavra. Por exemplo, o processo que se deu nas transformações *dare*>dar, *mare*>mar, *male*>mal.

d) **Crase**: trata-se da fusão de duas vogais idênticas em apenas uma. Por exemplo,

---

[1] Há um tipo especial de epêntese (de nome anaptixe ou suarabácti), que consiste em desfazer um grupo consonantal por meio da intercalação de uma vogal, por exemplo o que ocorreu com a palavra *barata*, originária do antigo *brata* (latim *blatta*), ou com *braúna*, que se transformou em *baraúna*.

[2] Há uma alteração de síncope especial, chamada haplologia, que ocorre no interior do vocábulo, suprimindo de uma de duas sílabas iguais ou semelhantes, contíguas (p.ex., semínima por *semimínima*, tragicomédia por *tragicocomédia*, idolatria por *idololatria* etc.

*dolorem>door>*dor, *nudum>nuu>*nu, *fidem>fee>*fé. Também é o mesmo fenômeno que exige a marcação com acento grave (`), quando ocorrer fusão entre preposição "a" com o artigo "a" ou com pronomes demonstrativos "a", "aquele", "aquela" ou "aquilo".

3. POR MODIFICAÇÃO DE SONS

3.1. Por transposição do som

a) **Metátese**: trata-se da transposição de fonemas dentro da mesma sílaba do vocábulo. Por exemplo, *semper* (latim) > *sempre* (português) ou *Ghirlanda* (italiano) > *Grinalda* (português).

b) **Hipértese**: trata-se da transposição de fonemas de diferentes sílabas dentro do vocábulo. Por exemplo, *desvariar* > *desvairar*.

c) **Hiperbibasmo**: trata-se do deslocamento do acento tônico da palavra. Pode se dar de duas formas: por uma **sístole**, quando ocorre um recuo do acento tônico, o que se nota em pantanu > pântano ou em idolu > ídolo. Por uma **diástole**, quando o acento tônico sofre um avanço, por exemplo de límite > limite.[3]

> [3] Observe, inclusive, a mudança de marcação gráfica do acento nas palavras.

3.2. POR TRANSFORMAÇÃO DO SOM

a) **Apofonia**: trata-se da alteração de timbre de uma vogal breve em sílaba interior.

Como se trata de um fenômeno comum à língua latina e à língua grega, não teremos exemplos frequentes em português.

b) **Assibilação**: trata-se da permuta de dois ou mais fonemas por um fonema sibiliante. Por exemplo, o processo que gerou capitia > cabeça.

c) **Assimilação**: trata-se do fenômeno em que um som se aproxima de outro quanto ao seu modo ou ponto de articulação. Por exemplo, gratia > [gratSa] > gratsa > grasa (<graça>), ou *persicum* > pêssego.

d) **Consonantização**: trata-se da transformação de uma vogal em consoante. Por exemplo, i > j, u > V, Ihesvs > Jesus.

e) **Desnasalização**: trata-se da troca de um fonema nasal para oral. Por exemplo, balena > balẽa > balêa > baleia.

f) **Dissimilação**: trata-se do processo em que dois fonemas iguais tendem a ficar diferentes ou até a ocorrer o desaparecimento de um deles. Por exemplo, liliu > líriu ou calamelu > caramelo.

g) **Ditongação**: trata-se do processo em que se transforma uma vogal em um ditongo. São exemplos desse processo as relizações eficaiz, trêis, cartaiz, vocêis. Note como uma ditongação pode conduzir a uma epêntese.

h) **Fortição**: trata-se da transformação de um fonema noutro mais "duro", menos "fluido", abaixando-lhe o valor fonético na hierarquia sonora. Por exemplo, temos a transformação de uma consoante fricativa em consoante oclusiva, como no caso do /v/ inicial em *varrer* que se transforma em /b/ na variante *barrer*.

i) **Lenição**: trata-se da transformação de um som final oclusivo para uma forma mais fraca. Por exemplo, *delicatus* > *delgado*.

j) **Metafonia**: trata-se da alteração do timbre da vogal no interior de uma palavra. Por exemplo, na transformação de corpo (ô) em corpos (ó), há uma mudança de timbre da vogal na palavra.

k) **Monotongação**: trata-se da transformação de um ditongo ou um tritongo em um monotongo. Um exemplo disso é a transformação de "dinheiro" em "dinhero" ou "roupa" em "ropa" em diversas realizações da oralidade.

l) **Nasalização**: trata-se da permuta de um fonema oral para nasal. Por exemplo, mortadela > "mortandela", que caracteriza diversos registros informais da língua.

m) **Palatalização**: é o fenômeno por meio do qual um segmento fônico muda o seu ponto de articulação originário para assumir uma articulação ao nível da região do palato duro. Como exemplo, invidia > inveja.

n) **Sonorização**: processo pelo qual uma consoante surda se torna sonora. Por exemplo, focu- > fogo; totu- > todo; lupu- > lobo.

o) **Vocalização**: processo pelo qual uma consoante se transforma em vogal (frequentemente realizada como semivogal). Por exemplo, actu- > auto; conceptu- > conceito; pessoal > pessoa[w].

É fundamental notar que primeiro ocorre a mudança, a qual passa a ser notada na fala. Depois de algum tempo, ela chega ao registro escrito. A partir de uma quantidade significativa de registros comuns em diversas bases textuais distintas, admite-se a mudança como uma forma legítima de registro. No funcionamento de uma língua natural, o uso frequente e **natural** permite entrever uma mudança, a qual será investigada e legitimada; nunca a imposição ou o uso artificial toma a frente e indica a direção da mudança.

Em nenhum desses processos descritos até aqui, evidenciou-se uma mudança artificial na língua. Todas as transformações ocorreram com base em um processo diacrônico

> [4] Lembrando, a todo instante, que já existem as formas correspondentes a referências neutras de gênero, como descrito anteriormente.

bastante longo, marcado por tensões entre formas conflitantes até que uma forma sobrevivesse sincronicamente e a anterior ficasse para os registros históricos de evolução da língua. Essa é mais uma justificativa pela qual não há ponto de vista linguisticamente sustentável para dar suporte a uma proposta de neutralização de gênero em língua portuguesa.[4]

CONCLUSÕES E PERSPECTIVA

Nas seções anteriores, tentei demonstrar como está sendo estabelecido o jogo de "luta de braço" entre a noção de gênero gramatical dentro da língua portuguesa e a noção de uma língua neutra de gênero, mais inclusiva. Antes de prosseguir, é fundamental que o leitor já tenha percebido que:

1. Gênero gramatical não significa gênero biopsicossocial;
2. O "o" nas palavras não é desinência formadora de gênero masculino;
3. O latim já possuía o gênero neutro, o qual hoje é representado pela forma do masculino no português;
4. Em grande parte das vezes, nem o "a" final das palavras é desinência de feminino;
5. O masculino não foi "escolhido" como forma privilegiada, ele foi apontado como forma do singular, por sua semelhança com a terminação do nominativo singular do latim;
6. Há apenas 4,5% das palavras dentro da língua portuguesa que apresentam flexão de gênero – o que ainda é discutido por alguns autores, como se sequer houvesse flexão de gênero;
7. Já existem inúmeras estratégias de neutralização de gênero dentro da língua portuguesa, mas essas estratégias são

ostensivamente ignoradas por grande parte das pessoas que propõem a criação de uma nova forma da língua;

8. O gênero gramatical é apenas uma questão de arranjo entre as palavras, a fim de estabelecer a concordância entre os termos da sentença.

Sem compreender isso que resumi, não será possível acompanhar os desdobramentos que pretendo apresentar nesta seção.

A JUSTIFICATIVA MORFOSSINTÁTICA

Não é preciso ser um grande linguista para entender que o emprego de "X", "@" ou algum elemento sem um correspondente fonético claro[1] prejudicará a leitura dos textos, bem como as pessoas que necessitam de softwares de leitura ou de leitores em certames oficiais, por exemplo. Então, a proposta de neutralização de gênero por meio do uso dessas fórmulas será mais excludente do que inclusiva, visto que possui um viés capacitista. Dito de outra forma: para incluir quem não se sente representado por uma língua com marcações de concordância de "gênero", será necessário excluir toda a comunidade de pessoas que possuem algum tipo de dificuldade relativa à leitura: disléxicos, pessoas com deficiência visual[2] ou qualquer um que necessite do reconhecimento do alfabeto como ele é atualmente para realizar a leitura.

[1] Principalmente, se o elemento a ser substituído for o núcleo da sílaba no interior da palavra.

[2] O sistema Braille, por exemplo, precisaria de revisão.

Colégio Franco-Brasileiro

Rio de Janeiro, 10 de novembro de 2020.

Prezada comunidade escolar,

Renovando diariamente nosso compromisso com a promoção do respeito à diversidade e da valorização das diferenças no ambiente escolar, tornamos público o suporte institucional à adoção de estratégias gramaticais de neutralização de gênero em nossos espaços formais e informais de aprendizagem.

A neutralização de gênero gramatical consiste em um conjunto de operações linguísticas voltadas tanto ao enfrentamento do machismo e do sexismo no discurso quanto à inclusão de pessoas não identificadas com o sistema binário de gênero. Nesse sentido, acolhemos ativamente demandas legítimas da sociedade, permitindo a docentes e estudantes que manifestem livremente sua identidade de gênero e contribuindo para uma representação mais digna e igualitária dos diferentes gêneros. Assim, a substituição da expressão "queridos alunos" por "queridos alunes", por exemplo, passa a incluir múltiplas identidades sob a marcação de gênero em "e". Alternativas como "queridos alunos e queridas alunas", igualmente, mostram-se viáveis ao evitar a representação de todos os gêneros exclusivamente pelo masculino.

A marcação neutra de gênero compareceu a diversas categorias gramaticais no passado de nossa língua, tendo-se apagado parcialmente com o passar do tempo, em razão da coincidência das formas linguísticas neutras com as masculinas, em muitos contextos. Sendo a língua um organismo vivo e pulsante, suscetível a mudanças históricas, compreendemos que seu uso reflete as transformações pelas quais a sociedade também passa. Em razão dessa convicção, entendemos como autêntica a reivindicação da reinclusão do neutro na expressão linguística cotidiana.

Cabe ressaltar que essa iniciativa não configura, absolutamente, a obrigatoriedade da adoção de estratégias de neutralização do gênero pelo corpo discente ou docente – até mesmo porque a normatividade linguística inerente à redação de documentos oficiais ainda configura certa restrição a esses usos. No entanto, convidamos a comunidade escolar a refletir sobre a possibilidade de acolhimento dessa proposta nas práticas diárias, a fim de promover uma cultura escolar baseada em princípios de tolerância, inclusão e paz.

A compreensão de que o pleno domínio da linguagem faculta ao cidadão crítico a circulação entre os espaços de prestígio implica a responsabilidade de fazer bom uso desse instrumento de poder. Por isso, nossa escola compromete-se a manter postura atuante na promoção de debates sobre o tema, mobilizando o Comitê da Diversidade e da Inclusão para a organização de palestras virtuais em breve. Nossos canais de comunicação encontram-se abertos ao diálogo e ao esclarecimento de dúvidas.

Atenciosamente,

Direção Pedagógica

A justificativa morfossintática

Examinemos, então, a proposta de "apagamento" do gênero por meio do emprego de "-e", nas terminações dos vocábulos. No dia 10 de novembro do ano de 2020, o Liceu Franco-Brasileiro (sediado no Rio de Janeiro) resolveu adotar a forma "querides alunes" em uma comunicação oficial da escola, como forma de apoiar a neutralização de gênero dentro da língua e fomentar a diversidade de gênero. Analisemos, na página anterior, a nota do colégio e a explicação do motivo pelo qual se optou pela forma em questão.

É louvável que haja uma iniciativa no sentido de dirimir questões relativas ao machismo e ao sexismo no interior das escolas, mas não parece muito coerente adotar apenas uma expressão e esquecer que a língua se faz com base em uma relação de concordância (como venho explicando ao longo da obra). Perceba que – o texto como um todo – apresenta todas as relações de concordância de gênero gramatical, corroborando a tese de que o gênero gramatical reflete a realidade das palavras, não o sexo das pessoas. Para pensar na forma "querides alunes", é necessário (ou não estamos falando língua portuguesa) continuar a estabelecer os laços de neutralização nos demais substantivos e em seus termos periféricos. Por exemplo, ao fim do documento, há a frase "o pleno domínio da linguagem faculta ao cidadão crítico a circulação entre os espaços de prestígio", que destoa da proposta de linguagem neutra. Ora, para manter a coerência, seria necessário – pelo menos – neutralizar o gênero de "cidadão". Façamos o experimento:

- "o pleno domínio da linguagem faculta ae cidadãe critique a circulação entre os espaços de prestígio"

Perceba que foi necessário criar uma forma de artigo "e" (que seria um artigo neutro), alterar a terminação de "cidadão",[3]

---

[3] Considere que – da forma como é hoje – grande parte dos falantes sequer sabe realizar o plural "cidadão – cidadãos", imagine realizar a neutralização do gênero.

alterar a grafia do morfema lexical da forma "crítico", a fim de assentar a pronúncia e lembrar (de longe) a forma original do que se pretendia dizer. Hercúlea tarefa para o professor de língua portuguesa dessa escola, não?

Agora, imaginemos levar às últimas consequências a proposta de generalização, uma vez que – para algumas pessoas – "a" e "o" sempre marcam gênero social. A frase ficaria assim:

- "e plene domínie de linguagem faculte ae cidadãe critique e circulaçãe entre es espaces de prestigie".

Se muitos críticos da gramática normativa já a reputam como prolixa e repleta de regras, a inclusão de uma forma neutra geraria o aumento dessas regras em, pelos menos, um terço daquilo que já existe. Um linguista iniciante, talvez, pudesse advogar que não se chegará a esse absurdo de transformar todas as palavras em formas neutras, e que esse caso está restrito a alguns vocábulos que podem desenvolver um sentimento sexista. Fato controverso, uma vez que – há pouco tempo – não se pensava que os estudantes de língua portuguesa (até mesmo aqueles com um curso de Nível Superior na área) pudessem se esquecer dos fatos morfológicos arrolados anteriormente.

Vamos supor que haja anuência por parte da comunidade dos falantes de língua portuguesa à proposta de neutralização do gênero na língua, será forçoso pensar como será a relação de concordância com os termos periféricos do substantivo, agora, neutro.

Em "o estudante dedicado", temos um substantivo que é classificado como de dois gêneros, ou seja, apenas os determinantes que o acompanham vão variar genericamente para realizar a concordância. Se a forma eleita for "o estudante dedicade", não haverá muita efetividade, uma vez que ainda teremos o artigo "o" que marcaria o gênero de "estudante", sendo a neutralização relegada apenas ao adjetivo participial "dedicado". Logo, a

A justificativa morfossintática

fim de manter a harmonia dentro da sentença, seria necessário transformar o artigo "o" em outro tipo de artigo, entretanto os artigos são divididos da seguinte maneira:

- **Definidos**: o, a, os, as.
- **Indefinidos**: um, uma, uns, umas.

Isso quer dizer que estamos lidando com uma classe que possui o que se chama de "inventário fechado", ou seja, não se trata de uma classe produtiva na criação de novos elementos. Dessa forma, seria preciso criar um artigo e inseri-lo nesse inventário, o que não se faz em uma língua natural. A proposta deveria ser algo como:

- **Definidos**: o, a, os, as, e, es.
- **Indefinido**: um, uma, uns, umas, ume, umes.

A razão pela qual esse modelo não é viável não se relaciona ao sexismo. Em uma língua natural, o processo de evolução ocorre por meio de uma anuência espontânea dos indivíduos a formas produzidas naturalmente em um processo de fala ou escrita. Essas formas surgem de maneira microscópica e começam a ganhar espaço e privilégio (o que se deve compreender como opção de uso). A partir de então, pode ocorrer um processo de gramaticalização da forma que surgiu. Esse é um surgimento "natural" dentro de uma língua natural. Qualquer tentativa de se inserir uma forma artificial dentro de uma língua natural[4] será vista pelos falantes como uma imposição,

---

[4] Língua natural é qualquer sistema idiomático desenvolvido pelo ser humano de maneira não premeditada. É por essa razão que se faz necessário distinguir uma convenção de um artifício: uma convenção é um acordo entre os falantes, a fim de que essa ou aquela forma possam ser empregadas razoavelmente dentro da língua. Um artifício é algo premeditadamente criado por um falante ou um grupo de falantes, com um objetivo específico. Encriptar uma mensagem dentro de uma língua natural, ressignificando seu léxico seria, por exemplo, um artifício linguístico.

e qualquer análise diacrônica de uma língua (ainda que superficial) concluirá que as mudanças linguísticas não podem ser realizadas por meio de imposição.

Há uma inquietação em relação à proposta de apagamento do gênero nos substantivos por meio do emprego de "e" em vez de "a" ou "o": se a palavras terminada em "e" será neutra de gênero, qual é a razão para se modificar o pronome pessoal "ele"? A transformação de "ele" em "ili" ou "elu" faz pouco sentido em uma análise mórfica. Creio que a questão, nesse caso, seja mais um repúdio àquilo que o indivíduo crê (em sua gramática particular, ou como lhe fora ensinado) que seja o gênero masculino nas palavras. É precisamente isso que eu chamo de "linguística *freestyle*".[5]

[5] O que deve ser duramente combatido, por se tratar de uma conduta anticientífica. Não se admite fazer isso com matemática, física, química ou embriologia.

A JUSTIFICATIVA COGNITIVA

Chomsky & Berwick (2017) defendem que se deve repensar o propósito primordial da linguagem. Em vez de crer que sua finalidade seja meramente a de estabelecer comunicação, os autores sugerem que a linguagem é responsável por moldar (inclusive, fisiologicamente) o cérebro. A partir de uma tendência a desenvolver uma linguagem complexa e articulada, o homem ganha vantagem evolutiva e passa a especializar ainda mais seu cérebro. Os estudos mais recentes de neurociências (principalmente da linguística cognitiva) já começam a mapear com precisão qual é o caminho da linguagem dentro do cérebro humano.

Note que a proposta dos autores se refere a uma língua natural, com articulação convencionada, não a um sistema artificial. Isso nos fornece *insights* para pensar a questão de artificializar uma neutralização de gênero dentro da língua portuguesa.

Um dos procedimentos que ocorrem dentro do cérebro durante a leitura ou a fala é a inferência preditiva. Ela é responsável por "prever" aquilo que virá como próximo elemento, seja um argumento ou mesmo uma simples letra (Jamilk, 2018). Vejamos como isso pode ser demonstrado:

Complete a sequência a seguir com aquilo que completa mais facilmente e mais rapidamente a leitura:

EU TE A____

LCANÇO   MO   CERTO

No processo preditivo, seu cérebro optou pela forma "eu te amo", por diversas razões. Uma delas é pelo fato de que essa sentença é estatisticamente mais presente no imaginário do falante do que "eu te alcanço" ou "eu te acerto". Um processo semelhante ocorre quando escrevemos ou falamos, porém é tão rápido e tão natural que não nos damos conta. Mas o que isso tem a ver com o processo de neutralização de gênero? Cognitivamente falando, existe uma barreira que impede o falante de processar essa forma de neutralização na fala ou na escrita, porque ela rompe com a inferência preditiva do sistema linguístico da língua portuguesa. Operar relações de concordância complexas e manter uma oratória coerente são desafios que se impõem a quem tentar aplicar os processos de neutralização até aqui descritos. Durante alguns debates mais efusivos sobre o assunto, propus que o debatedor empregasse sua argumentação durante 5 minutos, apenas seguindo sua própria lógica de gênero neutro. O resultado foi desastroso: sem um texto escrito para servir de guia, a proposta esboroa-se antes de duas ou três linhas.

A JUSTIFICATIVA EVOLUTIVA

A língua portuguesa, assim como qualquer língua, evolui por um processo de economia linguística. Isso quer dizer que – com o passar do tempo – mudam-se palavras e expressões de maneira a se ter um menor esforço linguístico. Um exemplo corriqueiro é a passagem de Vossa Mercê para Você, cujas transformações fonéticas e ortográficas estão associadas ao emprego dessas formas pronominais ao longo da história.

Também é possível citar todas as palavras formadas pelo processo de redução, a exemplo de: cinema (de cinemateca), pneu (de pneumático), TV (de televisor) etc.

Expliquei até aqui que a passagem de três gêneros a dois gêneros gramaticais dentro da língua portuguesa se deu pelo mesmo processo de evolução da língua. Há uma economia cognitiva de grandes proporções quando se compreende que o masculino é o gênero neutro em português.

Dessa forma, toda e qualquer tentativa de incluir uma forma de gênero neutro que exija adaptar ortograficamente, gerando "novas velhas formas" (como foi a proposta de retorno do Æ latino), é um passo para trás no processo evolutivo de uma língua. Todos os acordos ortográficos propostos até hoje partiram da premissa de unificar a escrita por meio da supressão de formas desnecessárias dentro do sistema ortográfico. Aliás, um acordo ortográfico leva muitos anos para ser formalizado e sua aprovação depende da anuência da comunidade lusófona, que compreende os países falantes de língua portuguesa.

É fato que ninguém precisa de um acordo ortográfico para falar de uma maneira ou outra, entretanto – a fim de legitimar uma forma linguística a ponto de ela figurar dentro do registro tido como padrão ou mais formal – é preciso haver anuência da comunidade que arbitra sobre a concepção normativa de uma língua. Dito de forma mais simples: qualquer pessoa pode empregar livremente qualquer estratégia de "gênero neutro", mas não pode exigir que outras pessoas a apliquem ou que seu registro seja considerado uma forma normativa, porque não ultrapassará a variação diastrática.

A evolução é um fato que a ciência descreve em praticamente todas as suas esferas de pesquisa. Acontece que a evolução não acontece pela força da palavra de outrem, mas pela mudança natural diacronicamente. O indivíduo pode apresentar toda a Biblioteca de Alexandria sob forma de argumento ou ponto de vista para a humanidade, a fim de fazer crer que seria melhor que as pessoas tivessem seis dedos em cada mão em vez de cinco; mas o aumento no número de dedos só ocorreria por causa de uma mudança dentro do código genético do indivíduo.

Pode se pensar em evolução por uma experiência de transgenia, o que seria um argumento válido para se pensar numa alteração de ordem externa à natureza da língua. Bem, como qualquer experimento transgênico, é necessário que haja uma pesquisa extensa a respeito do impacto dessa modificação sobre o "objeto de estudo no experimento", a fim de pontuar a possibilidade de mutação com base nas consequências do experimento. O resultado dessa pesquisa está na presente discussão deste livro.

AS CONCLUSÕES

Ao finalizarmos esse breve percurso teórico, chegamos a algumas conclusões que podem servir para balizar os estudos posteriores a respeito de uma proposta de língua mais inclusiva. A primeira delas é a de que a língua portuguesa é, talvez, a mais evoluída das línguas neolatinas. Atravessando o tempo, a língua que se fala hoje no Brasil teve contato com as mais diversas bases linguísticas, absorvendo e adaptando aquilo que nos permitiu ter um dos idiomas mais produtivos morfologicamente, sintaticamente, semanticamente, pragmaticamente e esteticamente falando. Todas as ferramentas para o emprego de expressões neutras de gênero biopsicossocial já existem em nosso idioma. Isso ficou demonstrado ao longo de nossa discussão.

A segunda é a diferença crucial que existe entre gênero gramatical e gênero biopsicossocial. Essa diferença nos faz levantar uma questão que pode ser ainda mais importante do que toda essa discussão que se descortina diante de nossos olhos: como se está ensinando gramática na escola para que os alunos saiam de lá achando que gênero gramatical corresponde a gênero biopsicossocial? Aliás, será que há hoje nas escolas qualquer tipo de orientação no sentido de esclarecer esses conceitos? Afinal, só se propôs formalizar uma estratégia de palavras neutras de gênero pelo fato de o indivíduo não possuir instrução suficiente (por não ter sido instruído no momento correto) para saber que o gênero da gramática não define o gênero da pessoa. Enxergamos aí um grande abismo educacional, do qual só sairemos quando cessarmos qualquer natureza de guerra ideológica e passarmos a encarar temas que são considerados tabus na sociedade de maneira imparcial e científica.

A terceira conclusão é que precisamos discutir, sem partidarismos ou paixões, as questões que são afetas aos indivíduos de maneira subjetiva, mas sem ultrapassar o todo. Quero dizer, com isso, que – se o indivíduo não se crê representado por um pronome ou por uma forma de substantivo da língua que sua comunidade fala – é preciso buscar a origem dessa crença na falta de representação, porque essa é uma questão do indivíduo, não da língua. O falante é usuário da língua, não proprietário dela (a não ser pelo próprio idioleto, que também é uma questão particular). Dentro de um corpo coletivo, o indivíduo se submete a certas convenções, uma delas é empregar um sistema linguístico aceito para operar sua comunicação em sociedade.

A quarta conclusão a que podemos chegar é que houve um desvio do foco, na proposição de uma mudança no sistema linguístico do português. O inimigo é o sexismo, é a intolerância, é o preconceito; não a língua. A língua é uma ferramenta, não possui qualquer caráter sexista, intolerante ou preconceituoso; as pessoas que fazem uso dela é que manifestam essas características. Deve-se combater o comportamento sexista dentro da linguagem, por exemplo: quando o professor não sabe explicar a razão de o masculino plural fazer referência a homens e mulheres em uma sala e diz que isso ocorre, porque o masculino é privilegiado ou "superior", ele está demonstrando um comportamento sexista e está criando uma aberração para seus alunos. Isso se combate com o conhecimento. O indivíduo deve aprender a fazer a análise científica da língua, porque é para isso que serve a gramática como iniciação científica na

As conclusões

escola, não simplesmente para ficar repetindo as regras sem qualquer tipo de reconhecimento.

A quinta conclusão tem a ver com a forma como se ensina o gênero gramatical e sua relação com as mudanças sociais. Já deveríamos ter proposto uma modificação na terminologia do gênero gramatical, a fim de acabar com essas falsas impressões que se divulgam sobre a língua. A minha proposta está baseada em um debate com o professore Aldo Bizzocchi[1] e com a professora Rosane Reis.[2] Durante uma reunião para discutir as questões relativas à neutralização de gênero, entendemos que é possível falar em gênero 0 e gênero 1 ou mesmo em gênero A e gênero O, se isso facilitar a compreensão para o falante.

Em vez de o professor ensinar que a concordância será feita com o gênero masculino, ensinará que – em determinados contextos – emprega-se o gênero "0", por se tratar de uma forma neutra mais abrangente. Todas as questões atreladas ao argumento de machismo na língua, língua transfóbica etc. desaparecem quando não se pensa mais em gênero gramatical como masculino e feminino. Não foi preciso mudar a terminação de uma palavra sequer, bastou mudar a terminologia empregada no momento de ensinar gênero gramatical.

---

[1] Aldo Luiz Bizzocchi é Bacharel em Linguística pela Universidade de São Paulo (1987), doutor em Semiótica e Linguística Geral pela Universidade de São Paulo (1994), com pós-doutorados em Linguística Comparada pela Universidade do Estado do Rio de Janeiro (2010) e em Etimologia pela Universidade de São Paulo (2016), membro Grupo de Pesquisa em Morfologia Histórica do Português (GMHP) e do Núcleo de Apoio à Pesquisa em Etimologia e História da Língua Portuguesa (NEHiLP). Tem experiência nos campos da Linguística e das línguas românicas e germânicas, atuando nas áreas da Linguística (Geral, Histórica, Comparada, Românica, Fonologia Contrastiva), Filologia, Semiótica (Sociossemiótica e Semiótica Cognitiva) e Teoria da Cultura.

[2] Doutora em Letras pela UERJ, com linha de pesquisa em subsídios da semiótica para o ensino de redação. Dedica-se a estudar a gramática da língua portuguesa sob perspectiva semiótica e a metodologia do ensino de redação. É membro do grupo de pesquisa SELEPROT/CNPq/Uerj (Semiótica, Leitura e Produção textual), da ALFAL (Associação de Linguística e Filologia da América Latina) e da AILP (Associação Internacional de Linguística do Português).

É preciso considerar, também, que nenhuma das soluções ou discussões aqui será levada a sério se o propósito da mudança na estrutura da língua for o de chocar ou causar furor. Nesse caso, entende-se que se trata de uma forma de disruptiva (por parte de alguns grupos, no caso brasileiro, principalmente os mais jovens) de se fazer ouvir ou de chamar a atenção para a sua causa. Se for assim, o destino de uma forma como o "sistema elu" é ser reconhecido como uma forma de variação diastrática que, com o tempo, tenderá ao desaparecimento ou à transformação. Vale citar o que ocorreu com o idioma sueco.

Em 1966, o linguista Rolf Dunås sugeriu, no jornal *Upsala Nya Tidning*, o emprego do pronome pessoal *hen* como uma alternativa neutra aos pronomes *han* (masculino) e *hon* (feminino). Em 1994, o linguista Hans Karlgren propôs novamente o uso do pronome até que, em 2007, a revista *Ful* se tornou o primeiro periódico a adotar de forma consistente esse pronome. O uso precoce dessa forma pronominal causou ceticismo e ridicularização em 2010, mas — após diversas iniciativas de consolidar seu uso — a Academia Sueca acrescentou *hen* como pronome pessoal neutro no glossário *Svenska Akademiens ordlista* — o mais importante em língua sueca. Entretanto, quando se fala de relevância de uso, o pronome neutro sueco logrou menos êxito do que causou polêmica, pois — até 2012 *hen* representou apenas 0,001% do uso total de pronomes pessoais. Perceba que estamos falando apenas de uma forma pronominal, não da alteração de um sistema linguístico complexo, como é o caso da língua portuguesa.

Essa alteração, caso ganhe mais força dessa forma como é encarada, poderá trazer uma clivagem ainda maior na sociedade no que tange ao reconhecimento das pessoas com identidades não binárias, das pessoas trans, das pessoas pertencentes à comunidade LGBTQIA+ — que muito são estigmatizadas por diversas outras razões.

As conclusões

Minha preocupação, como linguista e como filósofo, se volta ao fato de que vivemos na era da informação, mas não na era do conhecimento. Há muita informação disseminada das mais variadas formas possíveis, porém informação sem o devido processamento não gera conhecimento; gera – quando muito – uma mera impressão da realidade. Qualquer indivíduo com acesso à Internet poderá encontrar informações sobre esta ou aquela postura. Poderá encontrar também os mais ferrenhos defensores das posições antagônicas dentro dessa questão que ora discutimos, todavia de nada vale sem que essas informações passem pelo crivo do conhecimento, da lucidez e do bom senso. Com poucos cliques, encontramos jovens em redes sociais apresentando posturas peremptórias a respeito de questões linguísticas, cujo conteúdo eles – infelizmente – pouco conhecem. O potencial viral dessas informações (não conhecimentos) é gigantesco e pega a audiência desprevenidamente. Dentro de pouco tempo, milhares de pessoas estão emitindo juízos furiosos a respeito de assuntos que desconhecem sumariamente.

Existe uma parcela de culpa que as grandes corporações carregam, uma vez que – em busca de lucro – fazem qualquer adaptação para "surfar na onda do hype" (aquilo que está em alta, no jargão corporativo contemporâneo). Então, lançam produtos que fingem anuir aos conceitos como esse de neutralização da linguagem. Assim, o indivíduo se sente "representado" pela marca e agradece com a compra dos produtos. O grande capital sempre se adapta à realidade, independentemente dos artifícios que tenha de empregar.

Essa questão se agrava no Brasil, porque, nos últimos anos, a sociedade brasileira passa por um processo de cisão baseado em diferenças políticas, o qual beira o maniqueísmo. Uma proposta de neutralização que tenha potencial de clivagem e maiores chances de segregação do que de inclusão, pode trazer mais efeitos negativos do que efeitos positivos. Todas as lutas sociais estão vivas e devem ser respeitadas, mas é preciso que se saiba identificar quem é o inimigo, sob pena de redundar em uma aventura quixotesca e improdutiva.

Todos somos responsáveis por monitorar nosso uso da língua e fazer as adaptações necessárias, a fim de uma convivência mais empática e respeitosa. Não pode ser ofensa para qualquer usuário da língua aprender a respeitar a opção pelo nome social.[3] Não pode ser um fardo para qualquer indivíduo a pergunta sobre qual a forma preferível para o tratamento interpessoal. Isso é uma questão de humanidade.

É também uma questão de humanidade refletir sobre o fato de que a busca por um gênero neutro pode esconder uma armadilha existencial sorrateira. A que ponto de reificação chegou o ser humano para preferir um apagamento completo, inclusive na instância da comunicação, de sua identidade, de sua subjetividade, num processo de quase desumanização – uma vez que o emprego ostensivo do gênero neutro, na história das línguas, se faz para coisas e não para pessoas? Até que ponto o apagamento dos traços distintivos[4] (para nos fazer mais humanos) nos fará menos humanos?

[3] Nome social é o nome pelo qual pessoas transexuais, travestis ou outros preferem ser chamadas no dia a dia, ao invés de seu nome registrado em cartório, que não reflete a sua identidade de gênero.

[4] Aquilo que permite criar uma identidade. Evidentemente, essa é uma questão mais existencial do que linguística, mas vejo traços de uma na outra.

REFERÊNCIAS BIBLIOGRÁFICAS

ARAÚJO, Ruy Magalhães de. **Metaplasmos: um paralelo diacrônico e sincrônico**. In: Anais do III CLUERJ-SG. Rio de Janeiro, 2006.

BAGNO, Marcos. **Nada na língua é por acaso**: por uma pedagogia da variação linguística. São Paulo: Parábola Editorial, pp. 47-48, 2007.

BASSETTO, Bruno Fregni; MURACHCO, Henrique Graciano. **Gramática de port-royal ou gramática geral e razoada**. [S.l: s.n.], 2001.

BECHARA, Evanildo. **Moderna gramática portuguesa**. Rio de Janeiro: Nova Fronteira, 2009.

CHOMSKY, Noam; BERWICK, Robert C. **Por que apenas nós?** Linguagem e Evolução. São Paulo: Editora Unesp, 2017.

DAVIDSON, Thomas. **The Grammar of Dionysius Thrax**, 1874.

FREITAG, Raquel Meister Ko.; CYRANKA, Lúcia Mendonça. Sociolinguística Variacionista e Educacional: tendências metodológicas. In: GONÇALVES, A.; GOIS, M. (orgs). **Ciência da Linguagem: o fazer científico**. Vol 2. Campesas Mercado de Letras, 2014

HAUY, Amini Boainain. **Gramática da Língua Portuguesa Padrão**. São Paulo: Edusp, 2013.

ILARI, Rodolfo. **Linguística Românica**. São Paulo: Ática, 1999.

JAMILK, Pablo. **Arqueologia da Inferência**. Cascavel: Editora Focus, 2018.

OLIVEIRA, Luiz Roberto Peel Furtado de. **Téchne Grammatiké** – A Base Da Teoria Gramatical. In: Anais do XV Congresso Nacional de Linguística e Filologia Cadernos do CNLF, Vol. XV, n. 5, t. 3. Rio de Janeiro: CiFEFiL, 2011 p. 2534.

MÄDER, Guilherme Ribeiro Colaço. **Masculino genérico e sexismo gramatical** / Guilherme Ribeiro Colaço Mäder ; orientador, Tarcísio de Arantes Leite - Florianópolis, SC, 2015.

MARTELOTTA, Mário Eduardo. **Manual de Linguística**. São Paulo: Contexto, 2009.

MOLLICA, Maria Cecilia; BRAGA, Maria Luiza (2013). **Introdução à Sociolinguística**: o tratamento da variação. São Paulo: Contexto, pp. 9–14.

NEVES, Maria Helena de Moura. **A gramática:** história, teoria e análise e ensino. São Paulo: UNESP, 2003.

PEILE, John. **Philology**. [S.l.]: Harvard University, 2008.

ROSA, Maria Carlota. **Introdução à morfologia**. São Paulo: Contexto, 2003.

TARALLO, Fernando (1986). **A Pesquisa Sociolinguística**. São Paulo: Ática.

WITKOWSKI, Rejane. **A Sociolinguística e suas Principais Correntes de Estudo**. Centro Universitário Leonardo da Vinci – UNIASSELVI, 2013.

Referências bibliográficas

A seguir alguns sites que apresentam alguns pontos indicados no livro (são boas referências para a leitura e para aprofundar o tema):

- https://revistacrescer.globo.com/Educacao-Comportamento/noticia/2020/11/querides-alunes-colegio-do-rj-declara-apoio-institucional-neutralizacao-de-genero-nas-palavras.html
- https://pt.wikipedia.org/wiki/Hen_(pronome)
- https://pt.wikipedia.org/wiki/Linguagem_neutra_de_g%C3%AAneros_gramaticais
- https://mairareis.com/gramatica-da-linguagem-neutra-de-genero/ (atenção às propostas apresentadas em face daquilo que se discute ao longo da obra)